CHAMADOS A CANTAR A FÉ

Pe. Joãozinho, scj
Pe. Zezinho, scj

Chamados a cantar
A FÉ

*Encantos & Desencantos
de dois cantores da fé*

EDITORA
SANTUÁRIO

DIREÇÃO EDITORIAL:
Pe. Marcelo C. Araújo, C.Ss.R.

COORDENAÇÃO EDITORIAL:
Ana Lúcia de Castro Leite

COPIDESQUE:
Leila Cristina Dinis Fernandes

REVISÃO:
Ana Lúcia de Castro Leite

CAPA E DIAGRAMAÇÃO:
Mauricio Pereira

PROJETO GRÁFICO:
Pe. Zezinho, scj
Pe. Joãozinho, scj

Dados Internacionais de Catalogação na Publicação (CIP)
(Câmara Brasileira do Livro, SP, Brasil)

Almeida, João Carlos; Oliveira, José Fernandes.
   Chamados a cantar a fé: encantos & desencantos de dois cantores de fé / Padre Joãozinho, Padre Zezinho. – Aparecida, SP: Editora Santuário, 2013.

   ISBN 978-85-369-0311-8

   1. Espiritualidade 2. Fé 3. Jovens – Conduta de vida 4. Louvor a Deus 5. Música – Aspectos religiosos I. Joãozinho. II. Título.

13-06618   CDD-248.3

Índices para catálogo sistemático:

1. Louvor a Deus: Cristianismo 248.3

3ª reimpressão

Todos os direitos reservados à **EDITORA SANTUÁRIO** – 2014

Composição, CTcP, impressão e acabamento:
Editora Santuário - Rua Pe. Claro Monteiro, 342
12570-000 – Aparecida-SP – Tel. (12) 3104-2000

SUMÁRIO

Apresentação 9
Recado aos novos comunicadores da fé 11
Encantos & Desencantos de Pe. Joãozinho, scj 13

1. Cantando me desfaço 15
2. Compositores da fé 17
3. A dinâmica da inspiração 19
4. "Pra não dizer que não falei de flores" 21
5. A beleza exterior das canções 24
6. O essencial é invisível, mas se pode ouvir 26
7. O magnífico canto de Maria 28
8. Jesus cantou? 31
9. Cantar a missa ou cantar na missa? 35
10. Rito é ritmo 37
11. Breve história da música cristã 40
12. O que a Igreja diz sobre música sacra 45
13. A música litúrgica no Brasil 61
14. Hinário litúrgico da CNBB 67
15. O sentido atual do canto gregoriano 68
16. Quem canta, reza duas vezes (ou nenhuma...) 71
17. Como cantar o salmo responsorial 74
18. O sentido do coral 77
19. Música instrumental 79
20. Preciso gravar um CD? 82

20. Preciso gravar um CD?	82
21. Show é show... Missa é missa	84
22. Letra religiosa em música profana	86
23. Música sacra e música profana	88
24. Comissão diocesana de música sacra	90
25. Os padres têm de ser cantores?	94
26. Quinze músicas em uma missa!?	97
27. Como escolher as músicas da missa?	100
28. Teologia da música sacra	117
29. A matéria-prima da música é o silêncio	120
30. Harmonia de comunhão	123
31. Retiro de músicos	126
32. Canções inéditas e pessoais	129
33. Revisão teológica das canções	132
34. Investimentos inoportunos	135
35. E quando não estou cantando?	138
36. Para aprofundar	141
37. Meus vinte e cinco anos de canção	146

Conclusão de Pe. Joãozinho, scj

Não basta cantar com arte.
É preciso que o canto tenha unção.
Não basta beleza exterior.
A boca canta o que transborda do coração.
Cantar é um ato de amor.
Mas onde nasce o milagre
de um instante inspirado?
No silêncio, na quietude, na sintonia!
A vida é mais, muito mais que melodia.
É mais que mera harmonia.

Escrevemos para quem cala antes e depois de cantar.
Entendemos que é preciso refletir
para que as canções possam ser
"aqui na terra do jeito que se canta no céu".

E onde não é céu ainda...
lembre-se que cantar é lindo,
mas deve ser libertador!

Pe. Joãozinho, scj

APRESENTAÇÃO

Pe. Joãozinho, scj

Este livro soa como um desabafo de dois padres que assumiram o desafio de revestir seus sermões de poesia e música. Completo 25 anos nesta missão de cantar a fé. Exatamente quando nasci, Pe. Zezinho começava a cantar. Ele completa seus 50 anos de canção. Nossas estradas se cruzaram no carisma da mesma congregação. Temos o que dizer. Normalmente partilhamos isso na comunidade em que vivemos, com outros 60 confrades, em Taubaté-SP. Chegou a hora de publicar alguns de nossos encantos e desencantos. Temos o mesmo sobrenome religioso: scj (Sacerdotes do Coração de Jesus) e o mesmo carinhoso diminutivo no nome, que nos lembra a todo momento que somos "profetas menores". Apesar disso, nossos estilos musicais e literários são muito diferentes. A ênfase das canções de Pe. Zezinho é catequética (falar sobre Deus), a minha é litúrgica (falar com Deus). Deste modo nos completamos nestas páginas.

Este livro é uma espécie de testamento espiritual de dois padres que não são cantores, mas cantam para evangelizar.

RECADO
AOS NOVOS COMUNICADORES DA FÉ
Pe. Zezinho, scj e Pe. Joãozinho, scj

Nós, pregadores, que estamos chegando aos cinquenta anos ou já passamos dos setenta, precisamos tomar cuidado ao analisar quem nos sucedeu ou está a suceder. São jovens sacerdotes, religiosas e leigos cheios de entusiasmo e fé. A vez não deixou de ser nossa, mas aos poucos será mais deles do que nossa. Vêm de seminários diocesanos, congregações e ordens religiosas e de movimentos de espiritualidade para leigos. É a nova geração de catequistas e pregadores da fé em Cristo. Alguns deles reúnem milhões de fiéis encantados com sua juventude, talento e entusiasmo.

Esse fenômeno não é novo. Há séculos que pregadores famosos reúnem multidões. A diferença piramidal e homérica são os modernos e sofisticados púlpitos atuais que atingem 50 a 100 milhões de pessoas. Também não era novidade a figura do pregador das elites ou da corte. Estar na grande mídia hoje é estar no topo. Equivale às cortes de antigamente, porque a grande mídia laica confere status. O preço do cantor multiplica-se a 500 ou 1.000 por cento. Pregadores que chegam a esses patamares ascendem à categoria de superastros da fé.

No que é positivo devemos apoiá-los, elogiá-los, tornar sua missão um pouco mais fácil do que talvez tenha sido a nossa e, se possível, encher os púlpitos, templos, palcos, gravadoras, emissoras e editoras de novos comunicadores, leigos e religiosos. A Igreja não tem escolha. Precisa deles e dos ainda ontem chamados *mass media*, preferencialmente os dela. Mas se algum jovem pregador achar uma brecha em veículos laicos e entender que pode emprestar seu rosto, sua imagem e seu talento para aquelas empresas, deve fazê-lo, desde que tenha estofo para uma carreira de artista da fé.

Aí, está o X da questão: Devem expor-se, desde que isso não comprometa nem a imagem dele ou dela, nem a imagem da Igreja. Velhos comunicadores devem incentivar os novos, mas não devem ter medo de opinar, quando veem sinais de perigo para a Igreja. E há perigo num horizonte bem próximo. Para isso vale a experiência de, no mínimo, 40 anos de catequese e de estudos. Criticar sem fundamento é cruel, mas omitir-se e não alertar o jovem pregador de agora também pode ser funesto para a Igreja. Se o jovem não quiser ouvir, pelo menos o velho pregador não teve medo e não se omitiu. Lembra a função do pai ou avô lúcido que só se envolve quando vê que os mais novos estão cruzando a linha do sensato.

Encantos & Desencantos de
JOÃO CARLOS ALMEIDA
Pe. Joãozinho, scj

1
CANTANDO ME DESFAÇO

PJz

O poeta disse e cantou de modo definitivo: todo artista tem de ir aonde o povo está! Tenho feito isso nos últimos vinte e cinco anos. Sou um missionário da canção religiosa. Estes dias me perguntei se tem de ser assim?! Na atual onda de "padres cantores" a gente tem de pensar bem antes de traduzir o sermão em verso e evolvê-lo em melodia para colocar na boca do povo. Mais de uma vez decidi que iria parar de cantar. Era hora de dedicar-me a "coisas mais sérias", como, por exemplo, a reflexão teológica, as aulas, as palestras, a direção de uma faculdade, assessorias, retiros e todas as atividades típicas de um sacerdote.

Porém, se fico muito tempo sem compor ou cantar, parece que falta alguma coisa. Estou convencido de que não escolhi a música. Ela me escolheu. Musicalizar a vida faz parte de minha essência. Há uma harmonia que o Supremo Compositor imprimiu em minha natureza. A única coisa que faço é colocar para fora a canção que existe de modo quase autônomo em meu interior. Minha boca canta o que transborda do coração. A sensação é que se não compor aquela canção, vou explodir ou ficar asfixiado com este ar que foi insuflado em mim pelo Criador.

Por isso, o mesmo poeta que me provoca a ir aonde o povo está canta de modo genial: "cantando me desfaço e não me canso de viver nem de cantar". Este "desfazer-me" da canção é uma dinâmica que vou reaprendendo a cada dia. Depois que "faço" uma letra ou melodia, o passo seguinte é "desfazer-me" dela. Preciso entregá-la a seu verdadeiro dono que é o povo de Deus. Não raro modificam levemente trechos da melodia e até da letra. Em alguns lugares do nordeste paro de cantar apenas para ouvir o delicioso sotaque que canta: *Cónheço um córação...* Chego ao Rio de Janeiro e me assusto com o ritmo modificado para uma bossa-nova e o refrão assim: *Jisuix, manda teu Xpíritu...* Maravilha de Brasil. Somos um caldeirão de raças e culturas e, sem sombra de dúvidas, o país mais rico musicalmente do planeta.

Ninguém pode ser artificialmente cantor da fé. Soa falso. O povo identifica aqueles que cantam por vocação. Vejo hoje muitas pessoas cantando e até gravando CDs com os avançados recursos da técnica que corrigem desafinações e aprimoram um pouco a interpretação. Não funciona. A matéria-prima da música é a sinceridade. Agradeço a Deus ter-me feito musical. Não me importa muito se canto na TV ou na sala de uma casa... para cinco mil ou apenas cinco pessoas. Importa cantar e desfazer-me, senão... vou explodir.

2
COMPOSITORES DA FÉ

PJz

Hoje, vejo multiplicarem-se os cantores da fé. Mas é raro encontrar bons "compositores de música religiosa". Sei do que estou falando. Sou um compositor que canta. Não sou um cantor que compõe. Minha primeira composição deve ter sido aos 12 anos. Nunca mostrei para ninguém. Compus ao menos 200 canções até os 18 anos. Estão todas escondidas. Algumas delas são confissões de adolescente. Às vezes, canto sozinho para lembrar um tempo que passou. Confesso. Gosto delas. Mas não as cantaria hoje.

Somente quando comecei o curso de Teologia é que fiquei mais inspirado para compor canções religiosas. Isso foi lá pelos idos de 1989. Naquele tempo era conhecido como compositor. Não me arriscava a cantar minhas composições. Jamais pensaria em gravar um disco. Entreguei algumas canções para que outros gravassem. Levei algum tempo para me convencer de que deveria cantar a fé. Achava que minha vocação era somente compor. A história acabou apontando para outra direção, e hoje já gravei uma série de discos e sou reconhecido como cantor da fé.

Mas...

... penso que precisamos estimular mais a vocação dos compositores religiosos. Muitos cantores têm enorme dificuldade de encontrar boas composições na hora de escolher o repertório de seu novo disco. É preciso que se diga que nem sempre a vocação de compositor aparece necessariamente ligada à de cantor. Conheço ótimos cantores da fé que nunca foram capazes de compor nada.

Por outro lado, conheço ótimos compositores que são mais ou menos desafinados. Se ouvíssemos suas composições apenas em sua voz pouco trabalhada, provavelmente não nos chamaria a atenção. Há uma diversidade de carismas e ministérios. Mas é verdade que os cantores aparecem mais. Os compositores têm seu nome embaixo da letra, mas pouca gente lê.

Por isso, acredito que o título deste nosso livro é um pouco limitado. Poderíamos falar: "Chamados a compor e cantar a FÉ!"

3
A DINÂMICA DA INSPIRAÇÃO

PJz

Algumas pessoas me perguntam como faço para compor. Não existem regras definitivas. Às vezes, começo pela letra e outras pela melodia. Mas o ideal é quando as duas surgem juntas, como se já tivessem se reconciliado em algum lugar de meu interior. Foi assim, por exemplo, com a música "Mãe", que não levei mais que 10 minutos para compor.

Fiquei observando-me nesse processo criativo e percebi que existem alguns elementos que se repetem nesse processo. Como que surgida do nada, aparece uma ideia intuitiva. É a matéria-prima, a semente, do que depois aparecerá de maneira mais desenvolvida. Hoje, não tenho pressa para dar forma à ideia intuitiva. Gravo uma frase, um refrão... registro para não perder. Coleciono estas pérolas cuidadosamente. Às vezes, é a ideia de um livro interessante e original como este que você está lendo. Neste caso a intuição foi do Pe. Zezinho e eu me uni ao processo criativo dele.

Meu segundo passo criativo é o que chamo de "inspiração". Passo algum tempo inspirando elementos que no mais profundo de meu ser darão corpo à ideia intuitiva. É meu momento de estudo, leitura, conversa com pessoas. Isso acontece muito com meus livros. Não tenho pressa. É um verdadeiro processo de gestação. Pode levar nove meses ou até mais. Algumas ideias intuitivas exigem uma gestação de elefante. Foi o caso de meu livro "Como liderar pessoas difíceis". Tive a ideia em uma fração de segundos; estudei por dois anos e escrevi em um mês.

Meu terceiro momento é a "expiração". É quando sinto que chegou a hora de parir. É um momento natural. Não pode ser forçado. Posso fazer músicas e escrever livros sob encomenda. Mas fica artificial.

Existe ainda um momento final em que fico fazendo pequenos ajustes na composição. É ilusão achar que aquela primeira forma é a melhor e não pode ser em nada modificada. Pode sim. Faço pequenos erros gramaticais. Corrijo. Até imprecisões teológicas já ocorreram. Bastou uma rápida leitura da letra por um colega teólogo para que eu substituísse uma palavra por outra mais precisa.

Costumo também testar minhas melodias com o povo. Há casos em que mudam levemente uma ou outra nota. Não tenho problemas em "corrigir" antes de gravar, para que o povo não tenha o trabalho de mudar a canção depois.

Compor é 10% de inspiração... o resto é pura transpiração! É o dito popular...

4
"PRA NÃO DIZER QUE NÃO FALEI DE FLORES"

PJz

O refrão de nosso velho e bom Geraldo Vandré conseguiu eternizar uma verdade em que todos nós acreditamos, mas nem sempre é fácil de dizer de modo tão rápido, poético e preciso: "Vem, vamos embora, que esperar não é saber; quem sabe faz a hora, não espera acontecer!"

Para cantar a fé é preciso "fazer a hora". Música religiosa não pode ser mero entretenimento. Muito menos um analgésico para as dores do dia a dia. É uma profecia que incomoda muita gente. Faz a hora.

Podemos falar de flores, mas é uma grande tentação "florear" nossas canções de frases feitas e lugares-comuns. Hoje, existem milhares de canções religiosas e populares que têm carinha de "já te vi". A letra diz exatamente o mesmo que outra já disse, talvez até melhor. O "quase plágio" é tão ruim quanto a cópia descarada de uma letra ou melodia.

Para fazer uma canção é preciso ter uma experiência original que represente algo novo. Caso contrário, será apenas mais uma canção que ocupará a faixa de um CD e rapidamente cairá no esquecimento.

Por detrás de uma composição original está a experiência de fé do compositor. Não raro é necessário ler e estudar um bocado para dar corpo àquele núcleo original de inspiração. Acontece comigo muitas vezes que surge apenas um refrão. Isto leva uma fração de segundos. Escrever as estrofes leva meses. Fiz uma canção sobre a Eucaristia em que me dei ao trabalho de ler todo um documento da Igreja sobre esse tema. Cada capítulo ia suscitando-me uma estrofe. Hoje, sei que compus mais que um canto de comunhão. Elaborei uma catequese musical sobre a *Mane nobiscum Domine* (Fica conosco, Senhor), escrita e reescrita por João Paulo II.

Existem temas recorrentes que ocupam o imaginário de alguns compositores religiosos que têm preguiça de estudar para compor. Repetem frases de efeito como "louve o Senhor de todo o seu coração"; ou "Jesus é maravilhoso"; ou ainda "Deus pode transformar a sua vida". São flores. São verdades. Mas com um pouco mais de esforço podemos dar a Deus e ao povo canções com algum conteúdo melódico, poético e teológico.

Um compositor inspirado me falou que nunca estudaria teologia porque tinha medo de perder a inspiração. Pode acontecer. Teologia não é poesia. É reflexão sobre a fé. Encher a teologia de metáforas poéticas pode fazer o discurso cair na imprecisão. A razoabilidade da fé exige um método diferente do utilizado por músicos e poetas. Mas não pense que um poema religioso não esconda verdades. É muito comum que eu não consiga dizer em palavras teológicas o que arde em meu coração. Então falo em poemas e canções. O grande santo e teólogo maior da Igreja, Santo Tomás de Aquino, fez teologia com extremo rigor. Mas foi humilde suficiente para saber que nem tudo cabia em sua reflexão. Por isso, escreveu poemas insuperáveis como aquele que cantamos em toda adoração eucarística: "Tão sublime Sacramento, adoremos neste altar...". Pare um minuto e medite sobre essa letra. Verá que ele disse em algumas estrofes o que precisaria de muitos capítulos de sua Suma Teológica para dizer de modo reflexivo.

Poesia é poesia. Teologia é teologia.

5
A BELEZA EXTERIOR DAS CANÇÕES
PJz

Em 1988 resolvi escrever meu primeiro livro. Era um estudante de teologia. Registrei algumas coisas que pensava sobre música religiosa. O título ficou: *"Cantar em Espírito e Verdade: orientações para Ministérios de Música"* (Edições Loyola).

Já se passaram mais de vinte anos daquele primeiro escrito publicado. Sinto que algumas coisas poderiam ter sido bem mais amadurecidas. Mas havia uma intuição de fundo que continua sendo uma espécie de "incômodo pessoal". É um crivo de autocrítica que me assombra a cada instante.

Nossas canções precisam ter uma beleza exterior, pois são como que as pétalas de uma flor que deverá atrair o beija-flor ou as abelhas em busca do néctar. Isso mesmo. O importante é o néctar, a beleza interior. A beleza da letra e da melodia, o primor da interpretação, a sutileza da interpretação instrumental revestem uma verdade de cores e aromas capazes de atrair as pessoas para Deus.

Dizem que Santo Agostinho, quando ainda era um filósofo pagão, foi atraído para a Verdade, pela beleza dos poemas e canções de Santo Ambrósio. Aquele jovem buscava as coisas belas e os prazeres da vida. Mais tarde ele próprio escreveria um belo e sincero poema em estilo de confissão: "tarde te amei, Beleza tão antiga e sempre nova; estavas em tudo e eu me apegava às criaturas e não chegava ao criador". Por isso, o futuro bispo de Hipona era muito desconfiado da beleza exterior das canções. Ele achava que se uma música desse prazer demais, o fiel poderia estacionar na beleza exterior e não avançar para o Criador de todas as coisas.

Acontece muito isso em nossas catequeses, shows, retiros e liturgias. Muita gente é atraída pela "música bonita". E para aí. Uma pessoa me disse que gostava de ir à missa de tal sacerdote porque ele cantava belas canções na homilia. Perguntei o que achava da celebração de um padre idoso da região que eu sei ser um sábio e fazer homilias tão breves, quanto profundas. A pessoa respondeu em tom debochado de superficialidade:

– Ah, padre! Ninguém merece, né!

Por um tempo perdi completamente a vontade de revestir de beleza minhas mensagens. Depois passou. Percebo que existem outras pessoas que são atraídas pela "isca" do anzol de Deus, que é a música religiosa. Por isso, continuo cantando e compondo. Mas mantenho sempre uma "pulga atrás da orelha". Música não é dogma de fé nem é essencial para conquistar o reino dos céus. Jesus devia cantar com seus apóstolos, mas existe apenas uma referência na bíblia de que ele teria cantado os salmos, na última ceia. Não parece que a música cultivada no Templo de Jerusalém ou nas sinagogas de bairro fosse muito importante para sua mensagem de salvação.

Se a música deixar esse lugar subordinado para ocupar o centro de nossas catequeses e liturgias, provavelmente estaremos fabricando um culto no qual Deus é transformado em instrumento de prazer e entretenimento. Acredite, é um grande erro. Melhor fazer como Paulo: considerar nossa música como "lixo". Ou seguir o conselho de Jesus. Após uma apresentação musical de grande sucesso, olhe no espelho e diga para você mesmo: "sou apenas um servo inútil".

6
O ESSENCIAL É INVISÍVEL, MAS SE PODE OUVIR

PJz

Diz a frase imortal do autor do *Pequeno Príncipe*: "O essencial é invisível aos olhos, só se vê bem com o coração". Tudo certo. Apenas acho que o canal que faz o coração ter visões tão mais perfeitas não são os olhos, mas os ouvidos.

Um cego me disse certa ocasião que via melhor que eu, por não ter o "defeito" dos olhos. Fiquei confuso. Ele explicou que não era cego de nascença. Viu até a adolescência. Uma doença galopante roubou-lhe a visão. O início foi um lamento pela perda destas "janelas da alma". Aos poucos ele foi percebendo que a perda da visão requalificava outro órgão que, às vezes, esquecemos de exercitar: os ouvidos.

Segundo esse meu amigo, quem vê, logo forma um juízo visual a respeito das pessoas. Classificamos todos por sua aparência: o alto, o baixo, o forte, o fraco, o calvo, o cabeludo, o belo, o feio, o "simpático" e o "antipático". Essas imagens visuais não raro são intransponíveis.

O cego, por sua vez, não tem esse defeito que faz classificar os feios em uma categoria de exclusão. Eles somente conseguem ver pelos ouvidos. Meu amigo explicou que a escuta atenta faz com que entremos diretamente no coração das pessoas. Essa visão é muito mais perfeita.

Fiquei pensando que, nós músicos, deveríamos ser todos um pouco mais cegos. Deveríamos exercitar muito mais esse potencial da escuta. Sabemos muito bem que a habilidade vocal não nasce apenas do fato de ter cordas vocais privilegiadas. A musicalização depende de um exercício dos ouvidos. Há pessoas de fala grave e bela, mas que são completamente desafinadas por não ter os ouvidos exercitados.

Fui além. Percebi que esta coisa de escutar é muito, mas muito séria. O primeiro mandamento da lei de Deus, lá no Antigo Testamento, antes da clássica recomendação: "Ama!" Coloca como princípio e fundamento o "Shemá!" Significa: "Ouve, Israel!". Jesus costumava repetir isto na forma de um quase pleonasmo: "Quem tiver ouvidos para ouvir, ouça!". Ele mesmo era mestre da escuta. Fazia mil perguntas. Leia o Novo Testamento e encontrará no Mestre de Nazaré um hábil perguntador: "Mulher, ninguém te condenou?" "Quem dizem por aí que eu sou?" "E para vocês, quem sou eu?" "Pedro, tu me amas?"

A música religiosa pode fazer-nos ouvir diretamente o coração de Deus. Mas nós, cantores e compositores da fé, precisamos escutar mais o coração de Deus e do povo. Nossas canções devem ser menos visuais e mais essenciais. A sintonia de uma canção pode levar a pessoa a deixar o mundo das aparências e das coisas passageiras e encontrar-se com o Autor de tudo.

Pense nisso antes de cantar apenas por cantar ou fazer daquela missa um show de rock. Temos a missão de ser mestres da sintonia musical. Às vezes, um teclado ou um violão dedilhado pode funcionar melhor que toda uma parafernália na qual pouco se ouve a voz de quem canta.

Quem tiver ouvidos para ouvir, ouça!

7
O MAGNÍFICO CANTO DE MARIA

PJZ

Alguém me perguntou qual seria o modelo ideal para uma canção religiosa. Perguntou se eu poderia citar algum compositor atual que compõe e canta do jeito ideal. Inicialmente, pensei em dar a resposta-padrão: leia os salmos.

Mas depois, pensando melhor, resolvi indicar o canto de Maria como o modelo ideal a ser seguido por todo aquele que quiser compor uma canção religiosa. Vejamos algumas características deste "magnífico" hino que o Novo Testamento preservou no capítulo primeiro do Evangelho de Lucas.

O texto é uma coletânea de canções já conhecidas no Antigo Testamento, como é o caso do Cântico de Ana. Não se defende aqui a originalidade musical e poética de Maria. Longe disso. O *Magnificat* tem bem pouco de original. Mas nos revela uma mulher que reza – e canta – com as canções mais populares de seu povo.

O texto vem no final de uma intensa trama de encontros. Maria ouve o céu, na figura do Anjo Gabriel, e depois pratica a solidariedade indo às pressas servir sua prima Isabel. Ao final desses dois encontros está o canto do *Magnificat*.

Se você ler o capítulo inteiro de Lucas, verá que a composição inspirada nasce de todo um processo que nasce do silêncio, passa pela escuta, pela admiração e encanto, atravessa o mar das perguntas – como se fará isso –, escuta pacientemente as respostas e ao final responde em forma de "Eis aqui a serva do Senhor! Faça-se em mim, segundo sua promessa!". A sequência não é linear, pois Maria não estaciona na mística, mas é movida para a militância; não fica na espiritualidade, mas parte para a solidariedade. Sua voz inspirada toca o coração da prima, que fica "cheia do Espírito Santo" e começa a fazer poemas também.

Veja que a primeira característica do *Magnificat* é que ele nasce de um processo que começa no silêncio, passa pela reflexão, pela disponibilidade e pela solidariedade, e só então desabrocha sob a forma de canção.

Lendo atentamente o canto de Maria, não é preciso ser um profundo estudioso da Bíblia para perceber que ele pouco tem de original. É uma coletânea de marcantes frases da Palavra de Deus. Isso, longe de tirar o valor dessa canção, ensina-nos qual é a verdadeira fonte de onde deve nascer a canção religiosa, seja litúrgica, seja catequética. O compositor cristão precisa meditar a Palavra e com ela iluminar sua vida. Daí nascerão belas canções. É incrível como existem palavras de Jesus que nunca receberam uma melodia marcante. Quem conhece alguma canção que diga de modo melódico, poético e marcante "dai a César o que é de César e a Deus o que é de Deus"? Alguém já ouviu alguma canção dizer "Tenho sede"? E se eu falar a frase determinante – "Pai, afasta de mim este cálice" –, só lembraremos uma canção popular de discutível valor religioso.

O *Magnificat* também nos ensina que a canção religiosa deve unir a dimensão pessoal com a comunitária. É incrível como a maioria de nossas canções de louvor fica no "eu e Deus". A canção de Maria não é assim. Ela começa com uma afirmação absolutamente pessoal "Minha alma glorifica o Senhor e meu espírito se alegra em Deus meu salvador...". Porém, pouco a pouco, ela vai incluindo mais gente nessa ciranda. Ao final chega a recordar todo o povo de Israel, desde Abraão, incluindo toda a sua descendência.

Há mais uma característica marcante que a cantora Maria nos ensina. *Magnificat* é uma canção de louvor e exaltação. Mas não só! A dimensão de clamor e libertação é marcante. Chega a dizer de modo claro o que poucas de nossas canções religiosas têm coragem de cantar: "Derruba do trono os orgulhosos e eleva os humildes". Siga essas lições e sua canção, com certeza, estará no rumo certo.

JESUS CANTOU?

PJz

Já afirmei que a canção não ocupou um lugar muito relevante na vida de Jesus. A única referência explícita de que Jesus tenha cantado está no registro da última ceia feito pelos evangelistas Mateus (26,30) e Marcos (14,26): "Depois do canto dos Salmos, dirigiram-se eles para o monte das Oliveiras".

Apesar disso, se colocarmos as citações bíblicas feitas por Jesus em uma lista, os salmos ocuparão de longe o primeiro lugar. Como todo Judeu piedoso, o Mestre de Nazaré costumava recitar esta lista de 150 canções que muitos faziam questão de saber de cor.

Um dos momentos mais marcantes foi na cruz, quando no ápice da dor, Jesus recitou o Salmo 21: "Meu Deus, meu Deus, por que me abandonaste?".

Mas essa é apenas a primeira frase da canção. O salmo diz muito mais. Assim como fizemos com o *Magnificat* de Maria, vale ler com atenção esse salmo preferido por Jesus para perceber sua estrutura literária como modelo para nossas canções. Reze atentamente:

1. [Ao maestro do coro. Conforme a melodia "A corça da aurora". Salmo de Davi.]
2. Meu Deus, meu Deus, por que me abandonaste? Ficas longe apesar do meu grito e das palavras do meu lamento?
3. Meu Deus, te chamo de dia e não respondes, grito de noite e não encontro repouso.
4. Tu, porém, és o santo e habitas entre os louvores de Israel.
5. Em ti confiaram os nossos pais, confiaram e tu os libertaste;

6. a ti gritaram e foram salvos, esperando em ti não ficaram desiludidos.
7. Mas eu sou um verme, e não um homem, infâmia dos homens, desprezo do povo.
8. Zombam de mim todos os que me veem, torcem os lábios, sacodem a cabeça:
9. "Confiou no Senhor, que ele o salve; que o livre, se é seu amigo".
10. Foste tu que me fizeste sair do seio materno, me fizeste descansar sobre o peito de minha mãe.
11. Quando nasci me acolheste, desde o seio materno tu és o meu Deus.
12. Não fiques longe de mim, pois a angústia está próxima e não há quem me ajude.
13. Rodeiam-me touros numerosos, cercam-me touros de Basã.
14. Escancaram contra mim sua boca como um leão que dilacera e ruge.
15. Como água sou derramado, deslocam-se todos os meus ossos. Meu coração se tornou como de cera, derrete-se no meio do meu peito.
16. Está seca minha garganta, como um caco, minha língua ficou colada ao paladar, na poeira da morte me colocaste.
17. Um bando de cachorros me rodeia, assalta-me uma corja de marginais. Traspassaram minhas mãos e meus pés,
18. posso contar todos os meus ossos. Eles me olham, me observam,
19. repartem entre si as minhas roupas sobre minha túnica tiram a sorte.
20. Mas tu, SENHOR, não fiques longe, minha força, vem logo em meu socorro.
21. Livra-me da espada, das unhas do cão salva a minha única vida.
22. Da boca do leão e dos chifres dos búfalos salva este pobre que sou eu.
23. Anunciarei o teu nome aos meus irmãos, vou te louvar no meio da assembleia.
24. Louvai o SENHOR, vós que o temeis, que toda a raça de Jacó lhe dê glória, que o tema toda a estirpe de Israel;
25. pois ele não desprezou nem desdenhou a aflição do pobre; não lhe ocultou a sua face, mas ao gritar por socorro o atendeu.
26. Tu és o meu louvor na grande assembleia, cumprirei meus votos diante dos seus fiéis.

27. Os pobres comerão e ficarão fartos, louvarão o SENHOR os que o procuram: "Viva para sempre o coração deles!"
28. Recordarão e voltarão ao SENHOR todos os confins da terra: diante dele se prostrarão todas as famílias dos povos.
29. Pois o reino pertence ao SENHOR, ele domina sobre as nações.
30. Só diante dele se prostrarão os que dormem debaixo do chão; diante dele se curvarão os que descem ao pó da terra. Quanto a mim, para ele viverei,
31. a ele servirá a minha descendência. Do Senhor se falará à geração futura;
32. anunciarão a sua justiça; dirão ao povo que vai nascer: "Eis a obra do Senhor!".

A primeira coisa que chama a atenção nessa tradução, feita pela Bíblia da CNBB, é que o salmo tem uma referência melódica e também um autor: Davi.

A segunda observação é que certamente Jesus não rezou somente o primeiro versículo, que soa como uma canção de abandono. Lendo o salmo todo, percebemos de forma clara que é exatamente o contrário: um poema de confiança em Deus. Após reconhecer com sinceridade sua situação complicada, já no versículo quatro o salmista recorda, porém, que Deus é maior que tudo isso. Lembra de tantas pessoas que passaram por dificuldades parecidas, clamaram e foram atendidas.

Aqui já temos uma lição que nem sempre é tão seguida em nossas atuais canções religiosas. Podemos clamar e reclamar. Deus não quer "canções mascaradas, maquiadas". Se estamos com dor, com fome, oprimidos, desempregados, perseguidos, excluídos... devemos cantar essas dores com sinceridade de coração. Deus gosta de ouvir nosso louvor; mas Ele quer ouvir também nosso clamor.

Após descrever seus sofrimentos nos mínimos detalhes, o salmista pede socorro e confia que será atendido. O poema continua em clima de confiança e louvor. São lições muito semelhantes de canção integral, como vimos no *Magnificat*. Existe outra semelhança. A canção começou em tom pessoal: "Meu Deus", mas não termina assim. Não fica apenas lamentando as próprias dores. Recorda que existem outros sofredores e pobres nesta terra: pobres e famintos.

O final do salmo é um grito de absoluta confiança. O fiel proclama a certeza de que um dia dará testemunho de sua libertação. Ele louva antecipadamente na certeza de que a misericórdia de Deus não falhará. É impressionante imaginar que Jesus tenha pronunciado essas palavras de louvor no momento da cruz!

9
CANTAR A MISSA OU CANTAR NA MISSA?

PJz

A música litúrgica tem sua dinâmica própria. Diz a Constituição *Sacrosanctum Concilium* (n. 112) do Vaticano II que ela "será tanto mais santa quanto mais intimamente estiver ligada à ação litúrgica".

Aqui entramos em um ponto muito delicado da música religiosa em nossos dias. No Brasil temos muitos compositores de canções religiosas. Há belas composições que podem servir para a catequese ou para shows de evangelização, porém não se integram à "ação litúrgica".

Vemos que muitos grupos de música litúrgica colocam músicas na missa, em casamentos ou em batizados sem que essas canções estejam integradas ao rito celebrado. É como se fossem apenas um adorno externo. Longe disso. Não cantamos "na" missa. A canção religiosa não é como um "intervalo comercial" no meio de uma celebração. Por isso, é mais exato dizer que cantamos "a" missa!

O rito tem toda uma dinâmica de diálogo com Deus com um ritmo próprio. As músicas previstas nesse rito colocam ênfase no momento celebrado em determinada ação litúrgica. As equipes de canto devem conhecer o rito para garantir essa sintonia ritual.

Quando não existe esse conhecimento e sensibilidade, podem ocorrer verdadeiros absurdos. É o caso de colocar na hora do "santo, santo, santo" uma canção muito bonita, que usa a palavra "santo", mas não tem nada a ver com o hino previsto na liturgia para terminar o prefácio; ou escolher para o momento do Glória qualquer hino de louvor; substituir o Salmo Responsorial por um "canto de meditação e assim por diante.

Cantar a missa exige conhecer a dinâmica do diálogo ritual e incluir a música com harmonia como um elemento que ajuda o povo a entrar em diálogo com Deus. Para isso, pode ser muito útil cantar o amém, as respostas da Oração Eucarística e outros refrões previstos no rito, e que, por incrível que pareça, quase nunca se cantam.

10
RITO É RITMO

PJz

A palavra "rito" tem sua origem mais remota em uma palavra do sânscrito que significa basicamente "ritmo". Nossos relacionamentos na sociedade e também nas religiões são pautados por uma conduta "rítmica". Para um cantor da fé, não é nada difícil entender essa realidade quando toma seu instrumento musical e conduz uma valsa, um bolero ou um rock. São ritmos. Entre cantores e instrumentistas deve haver uma sincronia para que resulte em uma bela canção.

O mesmo acontece com um casal que se propõe a dançar um tango. É preciso ensaiar muito e sincronizar os movimentos para não "fazer feio". A vida toda é feita dessa realidade. Pense, por exemplo, no rito de entrar em um restaurante e sentar-se à mesa. O garçom, sem precisar dizer nada, gentilmente lhe apresenta o cardápio. Começa o rito da escolha do prato.

Quando você encontra um amigo, existe um rito para cumprimentá-lo. Cada cultura tem seus ritos e seus ritmos. Um Chefe de Estado, quando viaja para um país estrangeiro, normalmente leva um funcionário especialista nos ritos e nas cerimônias das diversas culturas que o orienta para que não dê nenhuma gafe. Há lugares onde o rito do cumprimento inclui um beijo no rosto... mas apenas entre homens e mulheres. Já existem países onde isso é uma tremenda falta de educação. Neste mesmo país é educado homem cumprimentar outro homem com um beijo no rosto. São ritos. Conheço uma cultura em que é falta de educação estender a mão para cumprimentar. Já no Brasil é o mínimo que se espera de uma pessoa educada, que dê um aperto de mão.

A liturgia da Igreja Católica é celebrada por meio de ritos. Da mesma forma que todos os ritos sociais e culturais, é preciso antes de mais nada conhecer esses códigos rituais da liturgia para não cometer "gafes". Infelizmente, esse conhecimento não é o ponto forte de muitos de nossos bem-intencionados cantores da fé. Algumas canções inseridas na liturgia são tão fora de propósito ritual que soam como um "parabéns a você" cantado euforicamente diante do falecido, no velório ou na missa de corpo presente.

Os ritos litúrgicos não são reinventados pelo sacerdote a cada missa, batizado ou matrimônio. Todas as ações rituais têm seu "código" revelado na introdução geral do livro litúrgico. Por exemplo: no início do Missal Romano encontramos a *Instrução Geral*. Você já leu? São textos breves que explicam o sentido de cada canção e de cada pequeno detalhe ritual que acontecerá em uma missa.

Os compositores das trilhas sonoras dos filmes entendem perfeitamente o que significa essa sintonia e sincronia com a ação que está sendo desenvolvida. O som tem de estar em harmonia com a imagem. A sonorização muda se a cena for de suspense ou de ação, romântica ou de uma tragédia iminente.

A mesma sensibilidade rítmica, ou seja, ritual, espera-se de alguém que está sintonizado com a ação litúrgica e utiliza a música a serviço da Palavra de Deus, da Eucaristia, da presença de Jesus na assembleia, reunida em prece. Assim, a música acaba até passando despercebida. Ela e os músicos são faróis que apontam para o essencial: o Mistério Pascal de Jesus Cristo. É exatamente isso: devemos ser lanternas. Colocamos o foco em Jesus e acabamos sumindo, afinal, quem vê a lanterna?

11
BREVE HISTÓRIA DA MÚSICA CRISTÃ
PJz

A música sacra é um dos mais ricos patrimônios da Igreja Católica. Desde o princípio, o cristianismo foi caracterizado por ser uma "religião que canta". O próprio Jesus cantou os salmos com seus discípulos na última ceia antes de partir para o sacrifício da cruz, onde cantaria um salmo de dor e esperança.

Os primeiros cristãos cantavam na Eucaristia semanal de maneira muito simples, como faziam os judeus nas sinagogas. Os salmos eram cantarolados como murmúrios de fé. Quando o cristianismo se expandiu para as terras onde se falava grego, a música cristã manteve o conteúdo das letras bíblicas, mas soube agregar a lógica melódica da cultura helênica. Desse processo de inculturação, foi surgindo uma música tipicamente cristã que ficou conhecida como "canto-chão". As melodias eram simples e favoreciam a participação popular. Não havia registros escritos, partituras, notação musical.

O canto-chão recebeu todo um cuidado técnico durante o pontificado do Papa São Gregório Magno, que, tendo nascido no ano de 540, governou a Igreja de 590 a 604. A partir desse período o canto oficial da Igreja passou a ser chamado de "Gregoriano".

Essa música tornou-se a expressão oficial da liturgia cristã e foi recebendo notação musical e rico repertório litúrgico. É bom lembrar que nos três primeiros séculos o cristianismo celebrou a liturgia quase sempre em grego. No período do Papa Gregório Magno a língua majoritária da liturgia já era o latim. Vemos assim no gregoriano a junção de três culturas em uma única expressão poético musical: o conteúdo bíblico da cultura judaica, a lógica melódica da cultura grega e a língua romana: o latim.

Da música sacra surgiu a organização ocidental da música moderna. É bom lembrar que no século 10 o monge beneditino Guido d'Arezzo, utilizando um poema religioso, criou o nome das sete notas musicais. Surgiu a pauta de cinco linhas (a do gregoriano tinha apenas quatro) e as notas quadradas ficaram arredondadas. Porém, a maior mudança do canto sacro para a música profana, segundo minha opinião, é que o canto gregoriano tinha ritmo, porém não havia compasso. Não havia a aplicação de uma métrica matemática ao encadeamento musical. Não existiam compassos binários, ternários, quaternários, simples ou compostos. O motivo era para que a sonoridade interna da palavra recebesse toda a primazia. Na moderna música ocidental popularizou-se uma forma em que a ênfase está na melodia ou no ritmo. A palavra é coadjuvante.

Novamente o cristianismo foi capaz de se inculturar a essa lógica moderna musical e surgiu a polifonia. O canto gregoriano é uníssono. Polifonia significa cantar a várias vozes. Um dos compositores mais importantes da música polifônica certamente foi Giovanni Pierluigi da Palestrina, nascido em 1525, nos arredores de Roma. Sua técnica foi o contraponto, tendo como referência o estilo franco-flamengo. Apesar do caráter fortemente estético desse gênero musical, ele foi rapidamente aceito na liturgia por ter como referência o canto gregoriano no que se refere à primazia da palavra. Infelizmente, não se pode dizer o mesmo de toda a polifonia posterior que, vez por outra, permite que a beleza melódica esconda a palavra.

Até o Concílio Vaticano II a música sacra ocidental praticamente se resumia nestes dois conhecidos estilos: o canto gregoriano e a polifonia coral. Mas a verdade é que nem sempre essas canções refletiam a índole dos povos. O gregoriano, nascido canto-chão, tinha a intenção de ser simples e cantável por toda a assembleia. Mas isso foi desaparecendo aos poucos e as clássicas melodias gregorianas foram ficando distantes do povo. No máximo as pessoas sabiam cantar a Missa *De Angelis* e algumas melodias gregorianas mais conhecidas como a *Salve Regina*, o *Pater Noster* ou o *Regina Coeli*.

Foi surgindo aos poucos um gênero de música religiosa mais popular e de fácil assimilação. Mas seu objetivo não era litúrgico. Eram canções utilizadas em procissões, em encontros de movimentos como Apostolado da Oração, Vicentinos ou Congregados Marianos. Ao poucos um rico repertório foi sendo formado e a tendência era utilizar essas canções na liturgia.

A aprovação veio definitivamente no Concílio Vaticano II, que dedicou todo o capítulo VI de sua Constituição *Sacrosanctum Concilium* à Música Sacra. O número 112 afirma que "A Igreja aprova e admite na liturgia toda forma de verdadeira arte, dotadas das qualidades devidas". E quais seriam essas qualidades tão importantes? O mesmo número 112 já havia explicado que a santidade de uma música depende de sua "íntima união com a ação litúrgica". Além disso, precisa conduzir à oração, favorecer a comunhão da assembleia e solenizar o rito. O número 116 iria dizer explicitamente que "o canto popular religioso seja incentivado com empenho, de modo que os fiéis possam cantar nos piedosos e sagrados exercícios e nas próprias ações litúrgicas, de acordo com as normas e prescrições das rubricas".

A partir da aprovação da arte popular na música sacra e litúrgica, o Concílio Vaticano II abriu uma porta por onde passaram grandes compositores e artistas. Mas é certo que também muita gente se viu no direito de introduzir qualquer nova composição nas missas, sem utilizar os critérios acima indicados. Isso criou inicialmente um clima de "pode tudo". Parece que hoje já experimentamos um cansaço das novidades musicais. Algumas canções religiosas vieram para ficar. São pérolas de nosso repertório. Atravessarão gerações. Outras foram ensaios inacabados que tiveram a mesma duração que um sucesso de verão.

Preservando a primazia do canto gregoriano como "próprio da liturgia romana", a *Sacrosanctum Concilium* admite os outros gêneros musicais, especialmente a polifonia. Insistindo sobre a atualidade do gregoriano, o n. 116 da *Sacrosanctum Concilium* pede que se prepare "uma edição com melodias mais simples para uso das igrejas menores".

Não me parece que esse pedido foi suficientemente ouvido. Houve até quem tentasse atualizar o estilo gregoriano com melodias mais intencionais para serem cantadas pelo povo. É o caso da coleção de salmos e cânticos compostas pelo Pe. Joseph Gelineau. Este jesuíta francês, falecido em 2008, foi um dos fundadores da *Universa Laus* (Louvor Universal), em 1966. Era um grupo de estudo de música sacra e litúrgica, tendo em vista tornar viáveis as propostas musicais do Concílio Vaticano II.

Há um longo caminho a percorrer para recuperar o tesouro da música cristã esquecido e até ignorado pela maioria dos católicos em nossos dias. Gregoriano, polifonia e música religiosa popular juntas podem ajudar nossas comunidades a melhor celebrar. Porém, é preciso que nossos músicos estejam dispostos a mergulhar nestas águas mais profundas. Este é com certeza uma das intenções escondidas por trás das provocações deste livro-testemunho.

O QUE A IGREJA DIZ SOBRE MÚSICA SACRA

PJz

Ao longo destes dois mil anos o cristianismo cultivou e promoveu um rico patrimônio musical. Mas este tesouro não é feito apenas de canções. Da música cristã nasceu toda a música ocidental da forma como a conhecemos hoje. Além disso, existe uma reflexão sobre a música e documentos do Magistério da Igreja que nos ensinam o espírito da verdadeira arte musical religiosa.

Escolhemos percorrer apenas os documentos mais importantes dos últimos cem anos sobre música sacra. Não imagine que antigos documentos perderam a validade. Pelo contrário, o atual Magistério os toma como referência para dar passos adiante na história.

Pio X – 1903

Em 1903, o papa Pio X publicou o *Motu Proprio Tra le sollecitudini*, especificamente sobre "música sacra". Era o primeiro ano de seu pontificado. Já nessa época o papa estava preocupado em promover a dignidade do culto cristão e corrigir uma série de abusos. Neste sentido, ele diz que, assim como em seu tempo, Jesus hoje poderia expulsar do templo muitos "profanadores" do rito.

Pio X inicia colocando o grande princípio de que a música sacra enquanto parte integrante da liturgia participa de suas grandes finalidades que são: a glória de Deus e a santificação da humanidade. Reconhece na música o potencial de revestir os textos litúrgicos de uma força maior para atingir os fiéis. Mas adverte que para isso a música deve ter algumas qualidades: "santidade e delicadeza das formas". Diz que deve ser "santa e bela". Isto é de uma incrível atualidade e foi repetido literalmente no Vaticano II, sessenta anos depois.

Sobre os gêneros de música sacra, Pio X destaca o canto gregoriano, seguido da polifonia. Sobre a música popular e moderna, o papa reconhece a possibilidade de um estilo popular na liturgia, mas adverte que é preciso purificar esse gênero de toda origem profana, por exemplo, teatral.

Sobre a letra das canções litúrgicas, em 1903 Pio X ainda mantinha a proibição de outra língua que não fosse o latim. Além disso, insistia que não se mudasse a letra dos textos litúrgicos, nem sequer a ordem das frases ou palavras.

Os músicos são chamados por Pio X de "coro dos levitas". Admite solos ocasionais, mas insiste que via de regra a música litúrgica deve exprimir a unidade de um povo que reza cantando. Diz ainda que para fazer parte do "coro dos levitas" é preciso ter uma vida coerente com aquilo que se canta.

Sobre os instrumentos musicais, Pio X coloca a primazia no órgão e afirma enfaticamente que sua finalidade é apenas sustentar o canto e nunca encobri-lo.

Uma observação interessante é que a música não deve prolongar-se demais. Sua duração deve estar em sincronia com o rito, sob o risco de se tornar uma finalidade em si mesma. As pessoas não vão à Igreja para assistir a uma "apresentação do coral", mas para entrar em comunhão com Deus, e a música precisa ajudar nessa dinâmica. Pio X denuncia como abuso "gravíssimo" colocar a liturgia em função da música.

O papa termina exortando os bispos a que instituam em suas dioceses a Comissão de Música Sacra e que nos seminários se estude o canto gregoriano. Finalmente, estimula a criação de *Scholae cantorum*, um grupo que se dedica ao estudo e cultivo da música, além de se constituir em grupo de canto para a liturgia.

Pio XI – 1928

Em 1928 o papa Pio XI publicou a Constituição Apostólica *Divinus cultus*, sobre liturgia, canto gregoriano e música sacra. Inicia fazendo memória de como a música cristã evoluiu ao longo da história e de que modo a Igreja sempre teve uma palavra oficial sobre esse tema. Recorda o *Motu Proprio* de Pio X, que completava 25 anos, e reconhece no meio de muitas belezas algumas vozes desobedientes que insistiam em levar para dentro do templo o que era próprio da vida profana.

Para deixar mais claras as recomendações da Igreja sobre música, o papa Pio XI faz onze recomendações normativas:

1. Futuros sacerdotes estudem canto gregoriano, técnica vocal e algum instrumento musical.

2. Os exercícios musicais sejam diários, especialmente nos seminários.

3. Que se promovam corais, capacitando-os a cantar corretamente os salmos.

4. Que a música seja assunto das reuniões que acontecem nas comunidades.

5. Que sejam selecionadas as vozes para constituir o coral das comunidades.

6. A música sacra seja promovida desde a infância.

7. Os instrumentos nunca cubram o som das vozes.

8. O órgão é o instrumento mais apto para a liturgia.

9. Que o canto gregoriano seja restaurado de modo a que se torne cantável por todo o povo.

10. Promovam-se cursos de liturgia e música para todo o povo.

11. Que alguns recebam a oportunidade de se especializar no campo da música.

Pio XII – 1955

Em 1955 o papa Pio XII publicou uma Encíclica sobre Música: *Musicae Sacrae Disciplina*. É bom lembrar que entre os documentos do Magistério, a "encíclica" ocupa o primeiro lugar por ser algo que se diz para "o mundo inteiro ouvir".

Ele inicia recordando os documentos de São Pio X e de Pio XI, a que já nos referimos. Em seguida divide sua reflexão em quatro pontos:

1 . **HISTÓRIA:** é preciso reconhecer que a música faz parte da constituição humana. A bíblia retrata o ser humano como musical desde a criação, passando por todas as fases da história da salvação. O cristianismo herdou e promoveu este rico patrimônio da humanidade. O fruto mais saboroso deste cultivo foi o canto gregoriano seguido pela polifonia. No campo dos instrumentos, a invenção do órgão de tubos foi a mais genial contribuição do cristianismo. A Igreja exerce uma vigilância permanente para que este tesouro não seja profanado por uma música de discutível valor artístico e espiritual.

2 . **PRINCÍPIOS DA ARTE:** a liberdade do artista deve estar sujeita à lei divina. Para que uma arte seja verdadeiramente religiosa, é necessário que o artista seja inspirado pela fé e pelo amor. Além disso, deverá sempre ter presente que a arte, na liturgia, nunca é um fim em si mesma. É um pálido reflexo do sagrado. Aponta para Deus. Tem um lugar próprio na liturgia e também fora dela, como na catequese. A Igreja reconhece a música como um meio eficaz de apostolado.

3. **QUALIDADES DA MÚSICA LITÚRGICA:** são três as qualidades: santidade, caráter artístico e universalidade. Pio XII afirma no n. 19 de sua encíclica aquilo que o Concílio Vaticano II na *Sacrosanctum Concilium* iria consagrar em seu n. 112: a santidade da música litúrgica depende de sua íntima

união com a ação litúrgica. Além disso, a Igreja faz questão que a música utilizada na liturgia seja realmente "bela", ou seja, expressão de verdadeira arte. A terceira característica é a universalidade. Não é a música de uma elite. É a canção de todo o povo de Deus. O canto gregoriano surgiu com essa finalidade e foi restaurado diversas vezes quando se afastou do povo. Pio XII explica que este é também o sentido do uso do latim na liturgia: para que expresse uma língua comum a toda a cristandade. O uso de outros instrumentos é admitido, desde que não destoem da santidade do lugar e do momento. Cantos religiosos na língua de cada país (vernáculo) devem ser analisados criteriosamente antes de serem introduzidos na liturgia. Estimula-se que sejam utilizados com muito fruto na catequese e em outros espaços de evangelização, de modo especial em países de missão.

4. **RECOMENDAÇÕES AOS BISPOS:** recomenda-se em cada diocese promover escolas de canto e cultivar o estudo da música sacra, especialmente nos seminários. Seria desejável que cada diocese tivesse ao menos um perito nesta área.

Instrução da Congregação dos Ritos – 1958

A Sagrada Congregação dos Ritos publicou, em 1958, uma *Instrução sobre a música sacra* e a *sagrada liturgia*. Pio XII havia apenas falecido, mas aprovara essa instrução que completava com algumas normas práticas aquilo que havia sido pontuado na encíclica *Musicae Sacrae Disciplina* três anos antes.

Como toda "Instrução", ela é muito prática. Sinto que é desconhecida da maioria dos músicos cristãos e até de muitos especialistas. Talvez por uma errônea ideia de que tudo o que foi promulgado antes do Vaticano II perdeu valor a partir daquilo que disse o Concílio. Alguns até afirmam com certo ar depreciativo que são "documentos pré-conciliares". Seria bom ler as notas de rodapé dos documentos do Concílio para perceber a linear continuidade com o Magistério anterior da Igreja.

Essa instrução consta de três partes:

1. **Noções gerais:** os atos litúrgicos são sagrados porque são o "corpo místico de Cristo" em oração. Por isso, preservar a dignidade da liturgia é defender a integridade do próprio Cristo. Esta é a razão do enorme zelo da Igreja pelas "coisas da casa de Deus".

2. **Normas gerais:** a instrução detalha normas práticas decorrentes do que a Igreja ensina sobre música e liturgia. Fala-se da língua litúrgica, da hora de cantar e de calar, dos diversos estilos de música possíveis, dos instrumentos. Uma distinção que chama a atenção nessa parte da instrução é entre *música sacra moderna*, o *canto religioso popular* e *música religiosa*. Apenas a primeira e o segundo podem ser utilizados na liturgia. A terceira é louvável, mas deve ser reservada para outros espaços não litúrgicos, como é o caso de atos de piedade, catequese ou evangelização. O que seria então a *música*

religiosa? O tema é polêmico, por isso preferimos reproduzir literalmente o que diz o n. 10 da *instrução*: "*música religiosa* é a que não só pela intenção do autor, como pelo argumento e a finalidade da obra, procura exprimir e suscitar sentimentos piedosos e religiosos e, por conseguinte, 'muito ajuda a religião'; não estando, entretanto, ordenada ao culto divino e manifestando forma mais livre, não é admitida nos atos litúrgicos". Não é difícil entender que algumas canções que Pe. Zezinho e eu compusemos nunca tiveram a intenção de serem utilizadas em missa. São religiosas e evangelizadoras, porém não se prestam ao uso no culto. É claro que cada canção precisa ser analisada em suas particularidades. Não existem compositores litúrgicos e outros não litúrgicos.

3. **Normas particulares:** é a parte mais longa e detalhada da *instrução* e que aplica as noções e normas gerais a casos bastante práticos. Por isso é também a parte mais transitória do documento, pois situada em seu tempo. Muitas coisas permanecem válidas e outras já foram superadas. Ao ler um documento da Igreja precisamos distinguir esses elementos centrais da doutrina e aquilo que são aplicações para um determinado momento da história.

Concílio Vaticano II – 1963

Em janeiro de 1959 o papa João XXIII convocou o Concílio Vaticano II. Efetivamente, a abertura seria em 1962. Imediatamente, os debates começaram em torno às questões litúrgicas. Já em outubro de 1962 foi apresentado o texto de um documento voltado para esse tema. Os debates estenderam-se da 3ª à 18ª congregação geral (encontro). Para se ter uma ideia de como se debateu o tema, o documento final somente seria votado e aprovado na 73ª congregação geral, um ano depois. Nessa ocasião Paulo VI já era o papa. A votação final foi no dia 4 de dezembro de 1963. Dos 2.151 bispos presentes, apenas quatro não aprovaram a *Sacrosanctum Concilium*.

Esse documento fala sobre todas as questões referentes à liturgia. Inicia revelando os quatro grandes propósitos daquilo que depois se conheceu como "reforma litúrgica": *fomentar* a vida cristã; *adaptar* a liturgia aos novos tempos; *favorecer* a comunhão em Cristo; *revigorar* o poder de atração da liturgia.

Esses princípios são desenvolvidos em sete capítulos:

1. **Princípios gerais da reforma:**

    a. *Natureza da liturgia:* é um texto belíssimo e sintético de teologia litúrgica. Mostra-se de que modo a obra de salvação é continuada e realizada na Igreja. O famoso n. 7 indica as diversas formas da presença de Cristo no meio de seu povo. A liturgia é indicada como o "céu na terra" e também como o ponto mais alto da vida da Igreja e a fonte de onde emana sua força. É necessário criar condições para a participação plena, consciente e ativa de todos.

    b. *Formação:* o Concílio não economiza palavras para estimular a formação de todos, sacerdotes e fiéis leigos, em vista de uma liturgia bem celebrada.

c. *Reforma:* o delicado tema da reforma litúrgica é abordado de maneira clara e esclarecedora. Fala-se de conservar a tradição e, ao mesmo tempo, abrir-se ao progresso legítimo. Em seguida uma série de normas práticas são indicadas.

d. *Diocese e Paróquia:* oO concílio lança um olhar atencioso para lá onde de fato acontecem os atos litúrgicos e fomenta o espírito comunitário.

e. *Pastoral Litúrgica:* existe uma insistência de que se organizem estruturas que promovam a formação litúrgica, como é o caso da Comissão Litúrgica Nacional, diocesana ou paroquial.

2. O mistério eucarístico:
A Eucaristia ocupa o primeiro lugar das preocupações da reforma litúrgica.

3. Outros sacramentos e sacramentais:
Indica-se para cada ato litúrgico uma linha de ação, para aproximar mais a liturgia do povo de Deus.

4. Ofício divino:
A oração oficial da Igreja é tema central da *Sacrosanctum Concilium*. Indica-se uma revisão e até uma forma mais simplificada da Liturgia das Horas.

5. Ano litúrgico:
Este tema tão importante quanto complexo teve lugar de

destaque nos debates conciliares. O sentido do ano litúrgico e a revalorização do domingo foram dois temas centrais.

6. **Música sacra:**

Um capítulo todo é dedicado a esse tema. Recordando o rico patrimônio musical da Igreja, a *Sacrosanctum Concilium* reconhece a responsabilidade de preservar e promover este tesouro evitando desvios. Para isso insiste na formação musical e litúrgica. O canto gregoriano e polifônico são colocados em primeiro lugar. Mas estimula-se o uso criterioso dos *cantos religiosos populares*, inclusive nos atos litúrgicos. Uma frase desse capítulo merece séria reflexão: "A Igreja aprova e admite no culto divino todas as formas de verdadeira arte, dotadas das qualidades devidas" (n. 112).

7. **Arte sacra:**

O leque das manifestações artísticas não se restringe à música. O Concílio teve uma palavra a todos os tipos de arte próprios para o culto: arquitetura, pintura, vestes. De maneira inspirada se diz que toda verdadeira arte é "de certa forma uma sagrada imitação de Deus Criador" (n. 127).

Instrução da Congregação dos Ritos – 1967

A Sagrada Congregação dos Ritos publicou, em 1967 uma *Instrução sobre a música na sagrada liturgia*. É uma explicitação e aplicação prática do capítulo 6 da *Sacrosanctum Concilium*. Aqui normas gerais e orientações práticas estão bem mais próximas de nosso tempo.

Define-se como música sacra "o canto gregoriano, a polifonia sacra antiga e moderna, a música sacra para órgão e outros instrumentos aprovados, e o canto popular sacro ou litúrgico e religioso". Cabe lembrar que neste particular a nova instrução repete literalmente a de 1958.

A instrução insiste em que todos cooperem para que a liturgia seja bem realizada. Insiste que é preciso organizar uma celebração de modo que cada um desempenhe corretamente sua função.

A escolha das partes cantadas deve iniciar pelas mais importantes, primeiro por aquelas que o sacerdote ou os ministros devem cantar com as respostas de todo o povo. Aos poucos se acrescentam as demais partes, que o povo canta ou que são reservadas para o grupo de cantores.

A instrução segue dando orientações práticas para escolha dos cantos da missa, da música na liturgia das horas e nas outras celebrações.

Exorta a que se preserve o repertório de canções litúrgicas e, inclusive, estimula o uso da língua de cada povo (vernáculo). Para esses novos textos litúrgicos é necessário que surjam novas melodias. A instrução faz um apelo aos compositores a que se dediquem a essa tarefa com piedade, unção e inspiração.

Há também um estímulo para a música sacra instrumental e para a criação de Comissões de Música Sacra, seja em âmbito nacional ou diocesano.

João Paulo II – 2003

Gostaríamos de encerrar este passeio sobre os recentes documentos da Igreja Católica sobre música lançando luz sobre um texto pouco conhecido: o Quirógrafo de João Paulo II sobre Música Sacra.

Em 2003, quem estivesse atento lembraria que estávamos completando 100 anos do *Motu Proprio Tra le Sollecitudini*, do papa São Pio X, sobre a música sacra. João Paulo II não deixou a data passar em branco. Escreveu um "quirógrafo", ou seja, um documento de próprio punho.

O texto é tão breve quando denso e intenso. Em quinze breves pontos o papa fala espontaneamente do sentido estético e místico da música. E esse sentido, já recordado há cem anos por São Pio X, é elevar a alma a Deus e favorecer a participação de todos na oração oficial da Igreja. Outro modo de dizer a mesma coisa é que as duas finalidades da música, como de toda a liturgia, é a "glória de Deus e a santificação e edificação dos fiéis".

João Paulo II recorda que essas orientações foram retomadas pelo Concílio no capítulo VI da *Sacrosanctum Concilium* dedicado especialmente à música sacra, reconhecida como algo presente em toda a história sagrada e retratada com insistência pela Bíblia.

Em base a tudo isso, colocando-se em clara continuidade ao Magistério da Igreja sobre a música, João Paulo II afirma querer "repropor" alguns princípios fundamentais:

1. A música litúrgica deve ser referência de santidade.

2. Nem tudo o que é bom e adequado para a vida profana fica bem dentro do templo.

3. Nem toda música sacra é necessariamente litúrgica.

4. A música litúrgica deve caracterizar-se pela "singeleza das formas", ou seja, deve ser realmente artística.

5. Mas a beleza não basta: a música litúrgica deve evidenciar os textos, estar em consonância com o tempo litúrgico e sincronizada com os diversos momentos de uma celebração.

6. A música litúrgica deve estar atenta à "índole dos povos", ou seja, deve ecoar forte na alma do povo sendo expressão de seu jeito musical de ser.

7. A inculturação da música litúrgica deve ficar longe de toda concessão à leviandade e à superficialidade.

8. Não basta que uma canção seja do repertório clássico. Não será litúrgica se não ecoar na alma de um determinado povo reunido em assembleia.

9. O espaço sagrado jamais deve tornar-se laboratório para experiências musicais.

10. O canto gregoriano ocupa "lugar particular" na liturgia romana. Toda música litúrgica deve ter no gregoriano seu modelo supremo. Uma composição é tanto mais sacra e litúrgica quanto mais se aproxima "na inspiração e no sabor, da melodia gregoriana".

11. Não se trata de copiar o gregoriano, mas de "as novas composições serem absorvidas pelo mesmo espírito que suscitou e, pouco a pouco, modelou aquele canto".

12. Novas formas de linguagens musicais podem sem introduzidas criteriosamente na liturgia, na medida em que se mostrem capazes de exprimir o Mistério.

13. Promova-se a criação de Escolas de Canto.

14. Que a música litúrgica nunca fique ao sabor do improviso e das escolhas de apenas uma pessoa.

15. Que os sacerdotes tenham adequada formação musical.

16. Promova-se o canto popular religioso.

17. Somente um artista que "sente com a Igreja" pode compor canções que exprimam este senso de comunhão.

18. Que cada diocese tenha sua Comissão de Música Sacra.

19. As Conferências Episcopais examinem cuidadosamente os textos utilizados nas canções.

20. Dentre os instrumentos musicais utilizados na liturgia o primeiro lugar é destinado ao órgão de tubos, porém outros instrumentos podem ser utilizados, desde que "correspondam à dignidade do templo, possam sustentar o canto dos fiéis e favoreçam sua edificação".

Fiz questão de convidar você para esse "passeio" nos jardins do Magistério da Igreja sobre Música para mostrar com que cuidado se cultiva este rico tesouro. Quem exerce a música na liturgia precisa conhecer o que diz a Igreja. Com certeza vai estar mais sintonizado com a comunhão do Corpo Místico de Cristo. Não basta cantar afinado. É preciso cantar sincronizado. Então sua canção será santa e bela, mística e artística.

13
A MÚSICA LITÚRGICA NO BRASIL

PJz

Documento 7 da CNBB – 1976

A Conferência Nacional dos Bispos do Brasil (CNBB) tem uma extensa lista de documentos e estudos. Um dos primeiros documentos, em 1976, foi dedicado à música: "Pastoral da Música Litúrgica no Brasil". Foi elaborado pela Comissão Nacional de Liturgia, após longos anos de estudos e experiências. O objetivo era aplicar o Magistério da Igreja sobre música à realidade brasileira.

Seguindo o tradicional método VER-JULGAR-AGIR, a CNBB inicia lançando um olhar sobre a realidade musical litúrgica do Brasil e identifica muitos pontos positivos e algumas sombras.

Como maior conquista da renovação litúrgica promovida pelo Concílio, é apontada a maior "participação do povo". A música é vista como um dos instrumentos que favoreceram essa participação. Os Encontros Nacionais de Música Litúrgica ajudaram neste progresso. Aos poucos ia surgindo um canto litúrgico adequado à dinâmica do rito e com o jeito de nosso povo. Em âmbito local, nas paróquias e dioceses, multiplicaram-se cursos de liturgia e música. Isto ajudou muito também. O repertório de canções litúrgicas foi ampliado por muitas gravações que facilitaram o acesso de todos a essas obras. Parecia crescente o interesse de todos pela música litúrgica: dos sacerdotes e bispos, das equipes de canto e até do povo em geral.

Mas o documento indica também alguns pontos negativos. Faltam pessoas preparadas e a formação ainda é insuficiente, especialmente nos seminários; existe pouco estímulo para os músicos cristãos; as letras das novas canções ainda são poeticamente pobres, pois nem todos os músicos são poetas; alguns textos bons para a catequese foram precipitadamente introduzidos nas missas; usam-se ainda canções que pouco ou nada têm de litúrgico; existe até quem coloque letra religiosa em músicas profanas; permitem-se o espontaneísmo e o improviso; os corais foram rapidamente deixados de lado em muitos lugares... os desafios são crescentes.

O capítulo II deste documento procura dar uma "fundamentação litúrgica para a música". Deixa-se mais uma vez claro que ela é parte integrante da liturgia. É recordado o ensinamento do Concílio e os documentos precedentes. Fala-se de "função ministerial da música" para evidenciar sua íntima comunhão com o rito celebrado. Isto se refere tanto à letra quanto à melodia. Os agentes dessa ação litúrgico-musical são detalhadamente descritos, dada a precedência ao povo que está celebrando. O coral, os animadores de canto, os instrumentistas e compositores não podem substituir a assembleia orante.

Por fim o terceiro e último capítulo estabelece algumas "linhas de ação pastoral para a música litúrgica". A primeira delas é continuar estimulando a participação do povo. Organizar uma "Pastoral da Música Litúrgica" será a forma de implantar a renovação proposta pelo Concílio com equilíbrio e ponderação. Sugere-se a criação da Comissão Diocesana de Música ou, pelo menos, a designação de uma pessoa capacitada para essa tarefa. Os corais, integrados na vida da comunidade, devem ser estimulados. Os animadores do canto ajudem o povo a conhecer os novos repertórios por meio de ensaios. Os instrumentistas e compositores sejam estimulados.

Sobre a escolha dos cantos para a missa, o Documento 7 da CNBB oferece um roteiro bastante didático. Sugere que se façam três perguntas: a) o que se vai celebrar? b) quem vai celebrar? c) com que meios? Desta forma se situa aquela celebração no tempo litúrgico (o que) e na vida da comunidade (quem) antes de escolher as canções (com que meios).

Tenho grande apreço por esse Documento 7. O ano de 1976 foi aquele em que entrei para o seminário. Tinha apenas 11 anos, mas já tocava violão nas missas. Sou filho dessa escola.

Estudo 79 da CNBB – 1998

Um dos melhores e mais completos estudos feitos pela CNBB sobre música é o n. 79. O Documento 7 havia cumprido seu papel mas precisava ser complementado e atualizado. Vinte anos haviam se passado e nesse período foi publicado o Documento 43, "Animação da Vida Litúrgica no Brasil", que marcou época (1989).

Foram quatro anos de pesquisas e consultas a uma enorme lista de especialistas. Mesmo assim o Estudo publicado em 1998 foi revisado pela Equipe de Reflexão de Música e Liturgia, da CNBB e reeditado em 2004.

O Estudo 79 consta de três partes:

1. **Como vai a música litúrgica entre nós?** O sonho do Concílio continua vivo entre nós. Muitos êxitos são constatados, praticamente os mesmos que já haviam sido percebidos

pelo Documento 7, em 1976. A novidade das últimas décadas é o surgimento de estilos musicais litúrgicos mais adaptados a cada região do Brasil. Tornou-se mais comum cantar o Salmo Responsorial e refrões meditativos de fácil memorização. Surgiu a consciência do "Ministério de Música". Aos poucos as comunidades vão tomando consciência de que a música não é um adorno, mas parte integrante da liturgia. Mas é preciso reconhecer alguma falhas que ainda permanecem. Alguns bons músicos têm-se afastado da vida da comunidade e da liturgia para se tornarem meros artistas religiosos. Existem lugares onde uma pessoa ou um grupo cante e o povo "assiste". Existem muitos "ruídos" nas celebrações. Muitos animadores do canto desconhecem quase que completamente os critérios para a escolha dos cantos promovendo uma falta de sincronia entre a música e o rito. Os meses temáticos têm colocado na penumbra o sentido do Ano Litúrgico. Muitos cantam *na* missa e não *a* missa. Raramente existe boa música litúrgica instrumental. Existe uma pobreza rítmica nas canções litúrgicas que contrasta com a rica diversidade rítmica do Brasil. Muitos textos das novas composições contêm erros gramaticais e até teológicos. Infelizmente ainda existem lugares onde se adaptam letras religiosas em músicas profanas. Existe uma alternância muito grande de novas canções que não permite ao povo aprender. Algumas missas transmitidas pela TV são verdadeiras catequeses antilitúrgicas. O povo assiste e reproduz os mesmos erros em suas comunidades. A maioria dos sacerdotes não se sente preparado para cantar as partes próprias de seu ministério de "presidente da celebração". Os cursos de teologia raramente incluem a disciplina "música litúrgica". Alguns corais insistem em se apresentar nas celebrações com peças clássicas, totalmente fora de tempo e de contexto. Existe ainda quem, com a maior naturalidade, substitua os textos litúrgicos por outros. Existem muitas canções em chave pessoal eu-Deus, colocando em risco a dimensão comunitária da fé e promovendo um exagerado sentimentalismo e individualismo. Na outra ponta existe o *militantismo*, que instrumentaliza a liturgia para todo tipo de reivindicação sem inserir essa luta na dimensão da fé.

2. **Nossas referências, nossas fontes de inspiração, nossos modelos.** Diante deste quadro, o estudo procura iluminar com a palavra de Deus e os documentos do Magistério que tratam da Música. O Estudo mostra que o canto brota da vida e se manifesta como grito suplicante, comunhão fraterna, resistência nas dificuldades, sinal de festa. Ressalta a importância do canto na caminhada do Povo de Deus, desde a história de Israel até os nossos dias.

3. **Orientações pastorais.** Feitos o "ver" e o "julgar", a terceira parte do Estudo 79 consiste em indicar pistas de "ação". Insiste-se na primazia da assembleia e na importância de o canto integrar a todos em um só grito de louvor. É preciso reconhecer os limites e contar com os agentes disponíveis. O importante é que se promova em todos uma experiência de

fé. Fala-se mesmo em uma "natureza sacramental da música litúrgica". É uma música ritual, ou seja, a serviço do mistério. Neste sentido deve-se dar primazia ao canto, incentivando toda a assembleia a cantar, apesar de reconhecer lugar próprio para a música instrumental. O Estudo pergunta considerando nossas raízes indígenas e africanas: "e por que não a dança?". Lembro que se trata de um "estudo". Por isso ele tem a liberdade de abrir novas possibilidades que deverão ser oportunamente consideradas pelas autoridades competentes e normatizadas. Fala-se ainda de "ministérios e serviços do canto": poetas, compositores, presidente, animadores do canto etc. O Estudo dá uma série de indicações práticas de como fazer os ensaios, cantar o salmo, organizar o coral ou promover os instrumentistas. No final fala de modo sintético do significado de cada canção na missa, nos outros sacramentos e sacramentais, na Liturgia das Horas. Fala-se do Hinário Litúrgico da CNBB e do sentido atual do canto gregoriano. A conclusão é um breve e interessante texto sobre a teologia da música litúrgica.

Na CNBB as questões relativas à música estão sob responsabilidade da Assessoria de Música Litúrgica, setor que faz parte da Comissão Episcopal para a Liturgia. Existem ainda os setores de Pastoral Litúrgica e Setor de Arte Sacra e Espaço Litúrgico.

14
HINÁRIO LITÚRGICO DA CNBB

PJz

Você já deve ter ouvido falar desta iniciativa do Setor de Música da CNBB. São quatro fascículos contendo farto repertório de canções litúrgicas:
- 1º fascículo: Advento e Natal.
- 2º fascículo: Quaresma, Páscoa e Pentecostes.
- 3º fascículo: Tempo Comum.
- 4º fascículo: Sacramentos, Comum dos Santos, Missas diversas.

Logo depois do Concílio começaram os Encontros Nacionais de Música Litúrgica. Cultivou-se o sonho de reunir um repertório vasto em uma coleção. Assim surgiu o Hinário Litúrgico.

Além das canções com suas partituras (encontra-se também a versão gravada), cada fascículo contém preciosas dicas e orientações litúrgicas. No 2º fascículo existem até mesmo critérios para a composição de novas músicas litúrgicas.

É um livro de canto para as comunidades, porém, mais que isso, é uma referência concreta para todos aqueles que se perguntam o que é e o que não é litúrgico. Não é intenção tornar-se a única fonte de canções para a liturgia. Erra quem determina em sua paróquia que somente se cante o que está no Hinário. É uma saída cômoda, até medíocre, e que passa longe da melhor intenção do Concílio.

Todo músico cristão deve conhecer o Hinário Litúrgico e estudar suas canções. Algumas delas, com certeza, irão ajudar sua comunidade a celebrar melhor.

15
O SENTIDO ATUAL DO CANTO GREGORIANO

PJz

Quem acompanhou as últimas páginas atentamente, percebe uma contradição entre a orientação oficial da Igreja e o que de fato ouvimos em nossas celebrações. O canto gregoriano sempre foi considerado a mais importante expressão da música na liturgia, seguido, um pouco de longe, pela polifonia.

O canto popular religioso, na língua de cada país, entrou por uma espécie de concessão em terceiro lugar. Mas aos poucos foi ocupando a primazia na prática, colocando o canto gregoriano e até mesmo a polifonia em segundo plano. Diria mesmo que na maioria dos lugares existem pessoas que jamais ouviram uma canção em gregoriano nas missas paroquiais. Essa forma musical permanece cultivada nos mosteiros e nas comunidades religiosas. O povo, em geral, não conhece o repertório milenar da Igreja.

Sobre isso existe todo um acalorado debate. Há os amantes das antiguidades que sonham em simplesmente restaurar todo o repertório gregoriano reunido no *Liber Usualis*. Se dependesse deles a música moderna seria simplesmente banida das missas. Existe até quem defenda que se volte a cantar tão somente em latim, indo na contramão do Concílio Vaticano II.

Mas existem também os que não conhecem o gregoriano e nem estão interessados em conhecê-lo. Acham que é um estilo ultrapassado, que teve seu tempo, mas que hoje não faz mais sentido.

No ponto de equilíbrio encontramos o recente quirógrafo de João Paulo II, que nos alerta para o fato de que o gregoriano continua ocupando a primazia e, mais que isso, deve ser o referencial para toda a música popular que se venha a compor para a liturgia. O que significa essa afirmação do Beato João Paulo II?

Falo para músicos e compositores interessados em superar as polarizações que indiquei anteriormente. O fato é que nossa música religiosa popular carece de alguns elementos estruturais que o gregoriano tem e que foram precipitadamente deixados de lado na maioria de nossas comunidades. O canto moderno em geral é refém da métrica. O ritmo é garantido pelos compassos, sejam binários, quaternários, ternários etc. Existe uma métrica que é uma espécie de cárcere para o texto. O Gregoriano tem ritmo, mas não tem compasso. Não tem uma métrica matemática. Tem "ondas" (neumas) que tornam possível evidenciar o sentido do texto sem cair em qualquer tipo de prosódia, ou seja, colocar o acento fora do lugar na palavra. A métrica moderna quase impõe isso. O resultado é que a música moderna torna-se mais longa, repetitiva, com ênfase na melodia e no ritmo em detrimento da letra.

O gregoriano é um estilo musical em que se canta quase falando. Por isso sonho com o dia no qual nossos compositores católicos redescubram a arquitetura do canto gregoriano e passem a utilizá-la para compor o Glória, o Santo, o Cordeiro de Deus, breves aclamações. Sonho com o surgimento de um repertório neogregoriano em português. Não concordo com quem insiste em dizer que o gregoriano só serve para a língua latina. Entram convencer o genial Mozart que somente era possível compor óperas em italiano. Ele mostrou que mesmo em alemão era possível esse gênero musical.

Sonho com o dia em que teremos uma melodia para o Creio em neogregoriano, tão inspirada, tão contagiante, que o sacerdote entoará o primeiro verso e todos continuarão de cor até o final, sem sequer precisar de instrumentos para acompanhar.

São sonhos... mas quem não sonha não tem sonhos a realizar. E como disse um grande inventor: sé é possível imaginar, é possível fazer.

16
QUEM CANTA, REZA DUAS VEZES (OU NENHUMA...)

PJz

Não há como negar. A música tem um enorme potencial para nos mover em direção a Deus e aos irmãos. Mais que palavra falada, a canção rapidamente nos leva ao êxtase tão necessário para a mística, a oração, o rito, a espiritualidade, a liturgia. Por isso, a Instrução Geral sobre o Missal Romano, no número 39, diz o seguinte:

> O Apóstolo aconselha os fiéis, que se reúnem em assembleia para aguardar a vinda do Senhor, a cantarem juntos salmos, hinos e cânticos espirituais (cf. Cl 3,16), pois o canto constitui um sinal de alegria do coração (cf. At 2,46). Por isso, dizia com razão Santo Agostinho: "Cantar é próprio de quem ama" (Agostinho de Hipona, *Sermo 336*, 1: PL 38, 1472) e há um provérbio antigo que afirma: "Quem canta bem, reza duas vezes".

Você percebeu o detalhe? "Quem canta BEM..." Não basta cantar para rezar. É preciso cantar do jeito certo. Justamente por seu imenso poder sedutor, a música pode levar-nos simplesmente a uma busca de sensações e prazeres. O mesmo Santo Agostinho nos alerta quando faz sua confissão:

> Tarde te amei, Beleza tão antiga e tão nova, tarde te amei! Tu estavas dentro de mim e eu te buscava fora de mim. Como um animal buscava as coisas belas que tu criaste. Tu estavas comigo, mas eu não estava contigo. Mantinham-me atado, longe de ti, essas coisas que, se não fossem sustentadas por ti, deixariam de ser. Chamaste-me, gritavas-me, rompeste minha surdez. Brilhaste e resplandeceste diante de mim, e expulsaste

dos meus olhos a cegueira. Exalaste o teu Espírito e aspirei o seu perfume, e desejei-te. Saboreei-te, e agora tenho fome e sede de ti. Tocaste-me, e abrasei-me na tua paz.

Pensemos em como às vezes nos apegamos às melodias e aos ritmos e não pensamos mais nem sequer na letra que estamos cantando, quanto mais no autor da inspiração. Nesse momento é necessário repetir o grito de Agostinho: "Mantinham-me atado, longe de ti, essas coisas que, se não fossem sustentadas por ti, deixariam de ser".

É triste imaginar que um beija-flor seja convencido a comer as pétalas ao invés de, sendo atraído por elas, ir mais fundo e absorver o néctar. Confessemos: nós músicos somos permanentemente tentados a estacionar nas pétalas... nas canções. A música é muitas vezes uma corrente que nos prende longe de Deus. E "se não fossem sustentadas por ti, deixariam de ser".

Agostinho parece mesmo ter feito aquela confissão em nome de todos nós que cantamos e cantamos, e cantamos: "Chamaste-me, gritavas-me, rompeste minha surdez". Mas como é possível um músico ser "ruim de ouvido"? Cantaria fora do tom. Sairia do ritmo. Pode acontecer facilmente em âmbito espiritual se nos apegamos ao prazer que a música nos dá.

É por isso que o foco do canto gregoriano não é proporcionar prazer para os sentidos, mas elevar a alma até seu Criador. O modo como esta forma musical foi pensada faz com que a ênfase esteja na letra e não na melodia, e muito menos do ritmo. Somos conduzidos a pensar no que estamos cantando... e isso já é um bom começo para rezar de todo o coração.

Agora você entende por que o título deste capítulo. Realmente quem canta bem, reza duas vezes. Quem canta por cantar ou para sentir o prazer que a música dá, pode estar longe de rezar mesmo uma única vez.

17
COMO CANTAR O SALMO RESPONSORIAL

PJz

Já se foi o tempo que com facilidade se substituía o Salmo Responsorial da missa por um "canto de meditação". O que tenho visto no Brasil, por onde passo, é que as equipes de canto normalmente se esforçam para fazer aquilo que está previsto na Instrução Geral sobre o Missal Romano (n. 61):

> De preferência, o salmo responsorial será cantado, ao menos no que se refere ao refrão do povo. Assim, o salmista ou cantor do salmo, do ambão ou outro lugar adequado profere os versículos do salmo, enquanto toda a assembleia escuta sentada, geralmente participando pelo refrão, a não ser que o salmo seja proferido de modo contínuo, isto é, sem refrão. Mas para que o povo possa mais facilmente recitar o refrão salmódico, foram escolhidos alguns textos de refrões e de salmos para os diversos tempos do ano e as várias categorias de santos, que poderão ser empregados em lugar do texto correspondente à leitura, sempre que o salmo é cantado. Se o salmo não puder ser cantado, seja recitado do modo mais apto para favorecer a meditação da palavra de Deus.

Vejo lugares onde já se institui mesmo o Ministério de Salmista. Ele sabe que não irá cantar uma canção qualquer. Irá proclamar a Palavra de Deus. Por isso, diferentemente das outras canções, o Salmo é proclamado do Ambão ou Mesa da Palavra. Esse ministério exige dedicação e até algum estudo. Conheço paróquias em que se oferecem curso para os salmistas para que aprendam o significado do Livro dos Salmos, na Bíblia. Além disso, oferecem-se dicas práticas de como cantar o salmo nos tons clássicos do gregoriano ou mesmo em novos tons inspirados nos antigos.

Passei em uma comunidade onde o salmista não sabia cantar os tons dos salmos, mas não inventava. Neste caso ele proclamava, ou melhor, declamava como um poema. O povo repetia o refrão e, às vezes, cantava.

Também conheci comunidades onde todo o povo aprendeu a salmodiar. Foi uma experiência incrível, pois, nesse caso, não existia refrão. Cada lado da assembleia cantava uma estrofe com as tonalidades típicas dos salmos. O clima era de oração. As melodias sóbrias e sem muitas variações melódicas colocavam a ênfase na letra da palavra de Deus que estava sendo cantada.

Bem... esta é a parte boa da história. Mas tem o outro lado. Nem sempre o salmo é cantado de modo tão... digamos... orante! Já ouvi tudo e, para ser sincero, muita coisa atrapalha e muito a liturgia profunda e serena. Já vi cantor tocar e cantar no lugar da música canções que "lembram" aquele salmo, pois tem uma ou duas frases parecidas. É mais uma música. Conheci outro que gostava de compor os refrões. O problema é que suas melodias eram tão rebuscadas e estranhas que ninguém conseguia repetir. Pelo jeito como aquele cantor entoava "seu salmo" dava a impressão mesmo que ele não fazia questão de que qualquer pessoa cantasse junto com ele.

Houve um que até compôs um refrão cantável, porém a estrofe era mais uma exibição de técnica vocal do que propriamente uma oração. O modo como ele olhava para a assembleia atônita parecia dizer: "vejam como sei cantar"! Desculpem-me falar dessa maneira. Mas é preciso de uma vez por todas colocar os pingos nos is.

Salmos de melodias complicadas, infelizmente, já se tornaram tão comuns que são mais regra que exceção. Na dúvida reze. Ou ao menos entoe as estrofes em reto tom (sempre a mesma nota) com a ênfase nas palavras. Aliás, este é o segredo: colocar ênfase no sentido do que está escrito. A rigor o salmo não deveria ser cantado com compassos, no estilo da métrica, música ocidental moderna. Digo isso aqui na esperança de que alguém entenda que sem métrica é bem melhor. Falo essas coisas imaginando que algum dia alguém vai entender que a "referência" do canto gregoriano ainda é a melhor para cantar os salmos. Sei que muitos passarão por cima disso e continuarão torturando a assembleia com "seus intermináveis salmos". Com o profeta Amós, acredito que nesta hora, lá no céu, Deus fecha os ouvidos para não ouvir algumas de nossas canções.

18 O SENTIDO DO CORAL

PJz

Muitas pessoas acham que o coral não tem mais lugar na liturgia. Não é bem assim. Veja o que diz o Documento 79 da CNBB: *A música litúrgica no Brasil* (253-262):

> A reforma litúrgica do Concílio Vaticano II não aboliu o coral. Pelo contrário o incentivou. Um coral bem formado e orientado poderá prestar um importante serviço à assembleia, exercendo um ministério múltiplo, ora reforçando o canto litúrgico da assembleia em uníssono ou enriquecendo sua melodia com um arranjo vocal a mais vozes. O coral poderá cantar sozinho, em alguns momentos da celebração: durante a procissão das oferendas, durante ou logo após a comunhão.

A mesma CNBB recorda que o coral não está na igreja para fazer uma "apresentação", mas exerce um verdadeiro "ministério litúrgico". Por isso é importante conscientizar os participantes do coral de que fazem parte da assembleia que está em oração. Nem sempre o lugar destinado para os corais favorece esta consciência, pois podem facilmente imaginar que estão em uma espécie de palco para serem admirados. Não é o caso. Outras vezes estão no "coro"... lá atrás. Podem simplesmente sair da celebração enquanto não estão cantando. Quando isso acontece, é bom rever a função ministerial de seu coral.

O coral pode ajudar o povo a meditar determinadas partes da liturgia, criando espaços de "descanso orante". Uma canção do coral colocada na hora certa tem o potencial de solenizar o rito. Mas é bom nunca se esquecer do conselho do Papa Pio XII, que aliás vale para qualquer músico: "Tenham em conta as exigências da comunidade cristã, mais do que o critério e o gosto pessoais dos artistas".

De modo algum o coral pode inibir a participação do povo. Conheço lugares em que o coral, quando se "apresenta", faz questão de cantar do começo ao fim. Nada disso. Existe uma maneira de integrar as partes do coral com solos e a participação da assembleia.

É muito comum que os corais cultivem com cuidado e esmero a teoria musical e a técnica vocal. Isso é ótimo, porém deve vir acompanhado também de formação litúrgico-espiritual.

O repertório do coral é um capítulo à parte. Infelizmente, nós compositores e arranjadores ainda estamos um pouco em dívida com os corais. Não é fácil encontrar bons arranjos de músicas litúrgicas contemporâneas para coral. Outras igrejas cristãs têm isso em abundância. O que existe de música católica para coral a quatro vozes muitas vezes é anterior à década de 1950. Claro que se encontram canções litúrgicas e muito apropriadas em meio a esse tesouro. Porém, é bom começarmos a pensar em arranjar mais nossas canções na versão coral.

É ideal que o coral tenha sua rotina de participação na liturgia. No bom sentido. Não é saudável ensaiar meses para cantar apenas na páscoa e no natal. O coral pode estar semanalmente na liturgia. Existe um lugar próprio para esse ministério.

Quando um coral consegue atualizar seu repertório e equilibrar arte e liturgia, a assembleia em prece agradece!

19
MÚSICA INSTRUMENTAL

PJz

A música instrumental tem a incrível capacidade de comunicar os mais profundos sentimentos e ideias sem utilizar uma só palavra. Isso pode facilmente ser percebido nas trilhas sonoras dos filmes. Retire o som e boa parte das cenas de suspense perderá completamente a graça. Nos clássicos desenhos animados de Tom & Jerry, a trilha sonora faz parte da história que está sendo contada. Mesmo sem ver o gato ou o rato subindo a escada, basta escutarmos determinada sequência de notas que já imaginamos a subida, degrau por degrau. Da mesma maneira, pelo simples som dos instrumentos sabemos se os personagens estão acordados ou dormindo, andando ou parados, alegres ou tristes. Faça a experiência de "assistir" a um desses desenhos animados de olhos fechados e aposto que você compreenderá ao menos 50% da história.

Percebo que algumas gerações de músicos cristãos perderam um pouco a sensibilidade para com a música instrumental nas celebrações. Quando o instrumento litúrgico era quase só o órgão de tubos, havia momentos em que já se esperava um "solo" como apoio para a oração.

Isso não mudou. Continuam existindo lugares apropriados para a boa música instrumental na liturgia. Vamos dar apenas alguns exemplos. As introduções, não muito longas, são espaços preparatórios para a canção. A preparação do altar para as oferendas pode ser acompanhado por um solo instrumental. Após o canto de comunhão vem um rico momento de silêncio que pode ser embalado por um suave instrumental. Há quem defenda que, ao invés do canto final, que a rigor não está previsto no rito romano, o melhor seria um solo instrumental que impulsionasse a assembleia a sair em missão.

Os músicos instrumentistas precisam, porém, ter discernimento para não inflacionar as celebrações com intermináveis solos, principalmente interlúdios durante as partes cantadas.

Outro cuidado é não colocar música em qualquer espaço de silêncio. Existem alguns momentos em que se cala mesmo. Nestes, até os instrumentos devem se calar.

Há lugares onde os instrumentistas descobriram que existe lugar para a música sem palavras e começam a fazer uma espécie de "trilha sonora" do rito. Nem sempre isso é oportuno, como é o caso de tocar algo durante as palavras da consagração, ou mesmo durante a elevação do Corpo e do Sangue do Senhor. Neste momento nada substitui o silêncio apofático.

Outro costume que vai ganhando espaço é tecladistas improvisarem "fundos musicais" durante a homilia. Há sacerdotes que até pedem para que eles toquem. Um deles me disse que o povo fica mais emocionado quando sua homilia é "declamada" ao som do teclado. Bem... não é exatamente essa a finalidade da homilia. Pode funcionar vez por outra, mas sempre, não creio que seja oportuno.

Nem precisaria dizer, mas a música instrumental "mecânica" não faz qualquer sentido na liturgia. Pode parecer incrível, mas há quem coloque discos de música instrumental para tocar de "fundo" em algumas partes da missa. Até podemos admitir isso antes do início da celebração para criar certa ambientação, mas depois de começado o rito, não!

Falando nisso, a música instrumental de bom gosto é bem mais oportuna nos dez minutos que antecedem uma celebração que o ruído que se houve em algumas de nossas igrejas: som de violões sendo afinados, microfonia, testes clássicos de som, som, som, 1, 2, 3, testando... Melhor não testar a paciência do povo. Essas referências ficam em nossos pobre ouvidos, ao menos por quinze minutos. Melhor entrar para a celebração harmonizados por boa música instrumental.

20
PRECISO GRAVAR UM CD?

PJz

Há um mito crescente entre músicos cristãos que a realização plena de sua vocação consiste em gravar um CD. Já gravei mais de trinta e sinto que isso não significa mais que um passageiro registro de uma obra. É uma das interpretações possíveis da canção. É preferível gravar sua composição no coração das pessoas a gravar em um pedaço de plástico.

Por causa do mito do CD muitos acabam gastando todo o seu tempo, seu dinheiro e sua paciência. Conheço equipes de canto em que tudo ia muito bem, até que gravaram o sonhado CD... e o grupo acabou.

Não quero ser pessimista demais. Gravo CDs e acho um instrumento muito inteligente de evangelização. Sou muito grato às gravadoras que acolhem minhas obras, investem, capricham, fazem bonito dos arranjos até a arte da capa. Dá muito trabalho para sair bem-feito. Um batalhão de pessoas é envolvido nessa missão de registrar a inspiração.

Mas convenhamos, a música inspirada não cabe no registro de um momento. Fico feliz quando minhas canções são regravadas por outros. Mais feliz ainda quando canções que nunca gravei são cantadas em lugares onde nunca estive.

Compus a melodia para um "glória" e para um "santo" que, por questões de cuidado litúrgico, nunca gravei. Apenas uma palavra não coincidia exatamente com o texto do missal. Preferi deixar a canção amadurecer. Mas o povo foi cantando e passando de boca em boca. Hoje, escuto vez por outra aquela melodia nas missas por onde passo: "Santo, mil vezes santo..." Houve até quem tomasse a iniciativa de corrigir a palavra "mil" que coloquei na letra sem licença litúrgica. Cantam de maneira menos poética, porém mais litúrgica: "Santo, santo, santo..."

Um padre sem nenhum talento musical (ele mesmo reconhecia) me disse que se sentia incomodado por nunca ter gravado um CD. Levei um susto. Ele poderia fazer sermões, atender confissões, escrever artigos para revistas, blogs, redes sociais... gravar a Palavra de Deus nos corações. Mas queria gravar o tal CD. E gravou. Gastou uma pequena fortuna de sua paróquia e insistia após a missa para que todos comprassem. Após um tempo perguntei se estava feliz. Ele me disse que, apesar do prejuízo, havia realizado um sonho: artista por um dia!

Outro colega sacerdote não queria gravar coisa alguma. Mas tinha o hábito de cantar uma canção durante a homilia. Fazia de modo simples, didático, pastoral. Não era compositor, nem exímio cantor. Mas cantava de modo afinado e com unção. O povo começou a gravar a homilia nos mil aparelhinhos que hoje todos carregam. Os jovens partilhavam trechos da canção na internet. Não demorou para ele gravar um CD. O povo levou para casa as canções que ajudavam a prolongar o sermão em sua oração pessoal.

São dois casos, entre mil histórias que conheço. Entre elas existem comédias, dramas e tragédias. Perdi a conta dos músicos que me procuram pedindo dinheiro para pagar as dívidas contraídas com a produção do famigerado CD. Por isso, todo cuidado é pouco. Discernimento, neste caso, poderia ser chamado de "desconfiômetro".

Ah! Esqueci de responder a pergunta do título: "Não. Você não precisa gravar um CD".

21
SHOW É SHOW... MISSA É MISSA

PJz

    Estes dias estava para entrar em um show de evangelização em pleno parque de exposições, com direito a poeira, pipoca e povão, quando alguém me disse que antes entrariam com o Santíssimo Sacramento. Perguntaram se eu poderia dar a bênção litúrgica antes de começar o show. Fiquei confuso.

    Um show tem seu gênero próprio. Tem seu ritmo. Tem seu rito. Tem seu roteiro. Tem começo, meio e fim. Mas não é uma missa. Confundir liturgia com show ou teatro é um equívoco enorme. Tudo caba sendo a mesma coisa. Já ouvi falar até mesmo de missa-show. Nada disso. Missa é missa. Show é show. Cantamos na missa e rezamos no show. Mas o palco não é um altar e o presidente da celebração não é um artista pop diante de sua plateia.

    Algumas equipes de canto acabam confundindo show e missa. Vi um guitarrista tocando na missa das sete que estava tão entretido com seu instrumento que não percebeu quando me aproximei para lhe dar a comunhão. Toquei levemente em seu pé. Ele me olhou assustado e disse: "Espera eu terminar esta canção". Os valores se inverteram.

    Convidei uma banda católica para tocar em uma missa que fui convidado a celebrar na televisão. Eles com muita prudência reconheceram: "Padre, desculpa aí... não é nossa praia". Entendi perfeitamente e concordei. Eles não eram uma equipe de canto litúrgico. A vocação da banda (muito famosa e profissional) era distribuir a Palavra de Deus em acordes e batuques que levantam os jovens na praça, mas derrubariam qualquer assembleia na missa.

Infelizmente, o contrário também acontece. Conheci uma ótima equipe de canto que tocava há anos nas missas de uma paróquia e eram exímios conhecedores da liturgia. De repente, tornaram-se uma "banda" e começaram a fazer show e até a receber algum dinheiro por isso. Desapareceram das missas.

Distinguir o gênero é fundamental para qualquer músico que se preze. Você sabe muito bem que baião não é valsa e tango não é rock. Sabe que o tom menor não vai junto com o maior. Se os instrumentos estão em sol, o cantor não pode insistir em cantar em ré. Não precisa ser músico profissional para entender essas coisas. Da mesma maneira, missa é missa; show é show.

22
LETRA RELIGIOSA EM MÚSICA PROFANA

PJz

Este assunto parece tão óbvio que até pensei em não escrever mais sobre ele. Mas ao ver que o problema persiste, principalmente nas músicas utilizadas nos casamentos, resolvi dizer algo.

Além de configurar crime contra a lei de direitos autorais, colocar letra religiosa em música profana é algo de extremo mau gosto. Não ficaria nada satisfeito se alguém modificasse a letra de minha canção "Conheço um coração" e, mesmo bem-intencionado, a dedicasse a sua amada. Assim também não podemos tomar uma melodia romântica singela e transformar em uma canção de amor a Maria ou Jesus.

Às vezes a tentação desse tipo de paródia é grande. Pode começar apenas com o uso didático da melodia para ensinar verdades na catequese. Mas já vi verdadeiros absurdos até mesmo durante a missa.

Nos casamentos a coisa beira a tragédia ritual. Geralmente, músicos contratados se sentem no direito de tocar todo tipo de canção sem a mínima preocupação litúrgica. Não raro o critério é o gosto da noiva. Uma delas fez questão de escolher para entrar na igreja o tema do filme "Titanic". Um colega sacerdote que iria ser o ministro assistente tentou convencer a moça de que a música não condizia com aquele momento litúrgico. Ela não se deixava demover da ideia. Já sem argumentos o sacerdote disparou: "Muito bem. Então você quer para seu casamento o mesmo naufrágio do Titanic?!"

Existe hoje um repertório riquíssimo de músicas litúrgicas santas, belas, bíblicas, adequadas. Quem serve a Deus por meio da música, precisa conhecer essas canções. Para nós que nos dedicamos intensamente à tarefa de compor, é sempre triste e frustrante ver canções profanas ocupando o lugar do sagrado.

23
MÚSICA SACRA E MÚSICA PROFANA

PJz

Não se trata de música boa ou ruim, santa ou pecadora. Tire isso de sua cabeça. Alargue as ideias. Nem toda música sacra é necessariamente litúrgica e música profana não significa "do mal".

A palavra "pro-fano" vem do grego e significa aquilo que fica na frente do templo (fanu). Era o caso do teatro feito na frente das igrejas na Idade Média. Os temas em geral eram bíblicos e se constituíam em verdadeiras catequeses populares, fora do tempo, profanas. Era uma "evangelização profana".

Então, em sentido estrito, música profana é aquela que não serve para o ambiente sagrado, litúrgico. Não significa que seja uma música menos santa que nossos glórias, santos ou cordeiros de Deus. A santidade está no coração de quem canta e não exatamente nas notas da canção.

Há músicas profanas que exaltam a natureza, defendem valores importantes, reivindicam direitos, falam das belezas da vida, declaram amores, choram dores... tudo isso deve ser cantado, e nem sempre precisamos colocar no meio o nome de Jesus, nem cantar na hora da apresentação das oferendas só porque diz: "debulhar o trigo".

Um músico cristão me disse que depois que se converteu deixou de cantar as "canções do mundo". Levei algum tempo para fazê-lo entender que estamos no mundo, mas não somos do mundo. Não sei se consegui.

É claro que o discernimento deve fazer parte permanente da vida do músico. Infelizmente, o diabo anda solto em nossas canções populares. A malícia, o duplo sentido, a sacanagem, as perversidades de todo tipo, o desrespeito, a apologia às drogas... encontra-se tudo. Isso não é profano: é pecado.

A música sacra é aquela apropriada para dentro da igreja. Não é necessariamente litúrgica. Pode ser uma canção de mensagem ótima para a catequese, mas sem lugar em uma missa.

Existe uma música sacra apenas instrumental que atravessou séculos e chegou até nós. Pode ser executada em um concerto dentro de uma catedral. Algumas delas podem ser de grande utilidade para preparar o ambiente para uma celebração litúrgica.

Alguns estudantes de violão aprendem na terceira aula a tocar a música profana "Romance de Amor". Um deles resolveu executar com toda piedade essa conhecida melodia durante a consagração. Ao final da missa pedi que não fizesse mais isso. Ele me questionou atônito: "Mas por quê? É tão bonita!".

Como vemos, o critério não é exatamente se é bonita ou feia, sacra ou profana. Para cada canção existe seu lugar e sua hora.

24
COMISSÃO DIOCESANA DE MÚSICA SACRA

PJz

O Concílio Vaticano II aprovou em dezembro de 1963 um documento especialmente para as questões referente à liturgia: a Constituição *Sacrosanctum Concilium*. Logo no início diz que é muito importante saber o que é liturgia e experimentar as diversas formas da presença de Cristo no meio de seu povo reunido em assembleia.

Para promover a participação "plena, consciente e ativa" de todos em cada celebração, o Concílio indicou algumas coisas muito práticas que acabaram sendo conhecidas como a "reforma litúrgica". A aplicação desses princípios não deveria ficar sob a responsabilidade e o gosto de cada um. A *Sacrosanctum Concilium* recomenda que se organize uma "Pastoral Litúrgica". Muito já se disse e fez a respeito disso. No Brasil, a CNBB publicou um documento explicitando os caminhos da Pastoral Litúrgica: "Animação da vida litúrgica no Brasil" (Documento 43).

A estrutura da Pastoral Litúrgica pode variar de acordo com a realidade de cada paróquia ou diocese. Normalmente, onde ela funciona muito bem, existe uma Equipe Diocesana de Liturgia, com representantes das Equipes Paroquiais de Liturgia. Esta, por sua vez, reúne representantes das diversas Equipes de Celebração: das missas, do batismo, do matrimônio, das exéquias etc. Além disso, encontrei em algumas paróquias uma Equipe Paroquial de Música. Nela os músicos se reúnem para estudar música litúrgica, partilhar repertório, escolher as músicas para o tempo litúrgico que virá, ensaiar novas canções, promover cursos de canto litúrgico.

Nos números 43-46 da *Sacrosanctum Concilium*, determina-se que em cada país exista uma Comissão Litúrgica Nacional. No Brasil ela é organizada e mantida pela CNBB e reúne especialistas em liturgia, música, arte e pastoral. A essa comissão compete promover estudos e a pastoral litúrgica e também monitorar experiências em vista da "adaptação" da liturgia à índole de nossos povos. Essas experiências precisam de supervisão. Não podem ser feitas por qualquer um, de qualquer jeito e sem qualquer forma de avaliação. Infelizmente, muitos músicos se dão o direito de fazer experiências de salmos responsoriais ensaiados na sacristia, antes da missa ou até mesmo durante a celebração.

O n. 45 da *Sacrosanctum Concilium* orienta que cada diocese também tenha sua própria Comissão Diocesana de Liturgia. Onde isso acontece, as coisas sempre vão melhor. Onde não existe Pastoral Litúrgica, os músicos ficam à mercê de si mesmos ou do gosto de um sacerdote que, até bem-intencionado, dita as regras.

Nesse sentido é preciso dizer que nós sacerdotes presidimos a liturgia, mas não somos proprietários dela. Um músico me procurou antes da missa com a pergunta: "O que o senhor quer que a gente cante?!" Fiquei perturbado com a indagação e respondi com outra pergunta: "O que vocês prepararam, considerando o espírito da liturgia de hoje?". Ele foi muito sincero. Explicou que não havia preparado nada, pois preferia saber primeiro o "gosto" do padre para não errar. Disse ainda: "Tem padre que não gosta que cante o 'santo'; outros fazem questão... então é melhor perguntar logo". Isto me fez pensar que a falta de uma Pastoral Litúrgica coloca um sobrepeso nas costas dos sacerdotes que acabam tendo de dar formação de emergência, cinco minutos antes da celebração. É uma tragédia anunciada.

Vou além disso. O n. 46 da *Sacrosanctum Concilium* orienta que as dioceses constituam, se possível, uma "Comissão de Música Sacra" e uma "Comissão de Arte Sacra". Apesar de ser apenas uma sugestão, conheço dioceses que instituíram essas comissões com imensos frutos. Uma Comissão de Arte pode ajudar as paróquias e pensar o espaço sagrado. Aqui a criatividade de alguns "arquitetos de primeira viagem" comete abusos que fazem de algumas igrejas espaços onde se consegue fazer tudo, menos rezar: eco, calor, falta de ventilação, pinturas de discutível valor artístico, falta de proporção... a lista do mau gosto é interminável.

Conheço algumas dioceses que instituíram a Comissão de Música Sacra. Uma delas, por exemplo, elaborou um conjunto de orientações para a música nos casamentos, incluindo repertórios que estão fora do critério litúrgico. Essa comissão poderia estimular a criatividade dos compositores locais para que surjam canções litúrgicas apropriadas ao rito e que expressem a índole daquele povo. Outra atividade dessa comissão seria promover cursos de canto e instrumentos que ajudem a ensaiar, por exemplo, o Salmo Responsorial.

É preciso avaliar também o que se está cantando em determinada diocese e, por vezes, promover a correção gramatical, teológica e litúrgica de algumas canções. Caso isso não seja possível, alguém tem de dizer que uma canção não pode, por algum motivo, ser utilizada na celebração eucarística. Um exemplo bem simples é o uso do nome Javé. Em respeito à sensibilidade judaica, a liturgia cristã escolheu nunca pronunciar esse nome em uma celebração. Mas um músico pode ficar encantado com a rima fácil: Javé-Fé. Sem saber dos motivos pelos quais a Igreja não pronuncia o nome de Deus, ele compõe uma canção até muito bonita e de melodia sedutora. Logo todas as paróquias estarão cantando e nem mesmo o compositor conseguirá corrigir sua inspiração.

Por isso, seria bom se cada diocese tivesse uma Comissão de Música que pudesse dizer aos compositores se sua letra e melodia estão ou não de acordo com o espírito litúrgico. Com isso evitaríamos frases pouco adequadas à teologia católica como: "Deus enviou seu Filho para morrer..."; "tudo o que está dentro de mim precisa ser mudado"; "quero amar somente a Ti" etc.

25
OS PADRES TÊM DE SER CANTORES?

PJz

A onda atual de "padres cantores" tem criado em alguns sacerdotes uma espécie de drama pessoal, simplesmente porque não cantam e não se sentem qualificados para cantar. Faltam alguns dotes naturais, como afinação e ritmo.

Porém, não pense você irmão sacerdote que a música está completamente excluída de seu ministério sacerdotal. Infelizmente, em nossos seminários e cursos de teologia deixamos de lado a formação musical dos futuros sacerdotes. No currículo de algumas igrejas da reforma, como é o caso dos Luteranos, a música é uma disciplina muito importante. O mesmo acontece com as igrejas ortodoxas.

Para que não fique nenhuma dúvida, vou reproduzir aqui o que diz o n. 40 da Instrução Geral sobre o Missal Romano (2002):

> [...] dê-se grande valor ao uso do canto na celebração da Missa, tendo em vista a índole dos povos e as possibilidades de cada assembleia litúrgica. Ainda que não seja necessário cantar sempre todos os textos de per si destinados ao canto, por exemplo nas missas dos dias de semana, deve-se zelar para que não falte o *canto dos ministros* e do povo nas celebrações dos domingos e festas de preceito. Na escolha das partes que de fato são cantadas, deve-se dar preferência às mais importantes e sobretudo àquelas que *o sacerdote*, o diácono, o leitor cantam com respostas do povo; ou então àquelas que *o sacerdote* e o povo devem proferir simultaneamente (A.A.S. 59 [1967], p. 302 e 305).

Grifei a palavra *ministro* e *sacerdote* para destacar que existem momentos próprios para o canto do sacerdote dentro de uma celebração eucarística, por exemplo. Curiosamente esses pequenos refrões raramente são cantados e, quando são, utilizam sempre a mesma melodia: "O Senhor esteja convosco" ou "Por Cristo, com Cristo, em Cristo...".

Preciso dizer, repetindo o que já disse a própria Instrução Geral sobre o Missal Romano, não se deve cantar tudo sempre. Afirma-se até que a música nas missas de dia de semana sejam mais moderadas, deixando-as para as solenidades e missas dominicais.

Sinto que estamos ainda muito aquém do que poderia ser feito nesse sentido. Raramente cantamos, por exemplo, a antífona de entrada, prevista no rito. É certo que um canto de entrada aprovado pela Conferência dos Bispos pode substituí-la. Mas por que não compor breves canções de entrada a partir dessa "antífona"? A verdade é que a maioria dos músicos católicos nunca teve sequer a curiosidade de folhear o Missal Romano (aquele livro vermelho que fica sobre o altar). Arrisco mesmo dizer que 95% não sabem que existe um verdadeiro manual de instruções para a missa que explica como, quando e o que cantar: a *Instrução Geral sobre o Missal Romano.*

Voltando ao ministro que preside uma celebração, pode-se cantar, por exemplo, o prefácio. Mas tenho visto a repetição sempre da mesma clássica melodia do *exulted* ou de um dos "tons dos salmos". Isso pode ser uma saída fácil, mas por que não se dedicar ao estudo de alguma outra melodia, com auxílio de um músico de sua confiança?

Outra tragédia é quando um padre de boa vontade resolve solenizar e faz seu ensaio pessoal e solitário para cantar o prefácio. Ele não lembra de pedir o tom para o músico e simplesmente começa. O músico passa a tentar adivinhar o tom do padre. A "emenda fica pior que o soneto". Muitas vezes o tom do sacerdote é qualquer coisa entre ré e mi bemol, ou seja, não vai dar certo. Não adianta ficar querendo colocar o padre no tom. Melhor deixar cantar sem qualquer instrumento.

Nem todos precisam ser "padres cantores", mas a canção simples e bem cantada pelo ministro está prevista no rito e ajuda o povo a celebrar. Por isso, exorto meus irmãos no sacerdócio a que dediquem algum tempo a desenvolver seu talento musical. Mas vou lhe dar um conselho. Se você perceber mesmo que não leva jeito... não cante. A liturgia agradece.

26
QUINZE MÚSICAS EM UMA MISSA!?

PJz

Quem me conhece sabe que gosto de saber antes da missa o que será cantado. Melhor ainda se os músicos apresentarem um roteiro de celebração, incluindo a canção e até o tom em que será cantada. Isso me permite sincronizar melhor minha ação de presidente da celebração com os músicos.

Sabendo disso, os músicos de uma comunidade preparam a tal listinha. Quando cheguei, com algum tempo de antecedência, eles me apresentaram aquilo que haviam preparado. Logo percebi que as músicas estavam bem escolhidas e se adequavam perfeitamente ao espírito da celebração daquele domingo. Mas fiquei assustado com a quantidade de canções: quinze.

Pedi para falar com a coordenadora do grupo de canto. Perguntei quanto tempo o povo do lugar esperava que demorasse aquela missa. Ela disse que entre uma hora e uma hora e quinze minutos. Mais que isso o povo começava a ficar irrequieto, pois a missa começava às 11h e deveria terminar na hora do almoço.

Tomei a listinha de cantos nas mãos e perguntei quanto tempo, mais ou menos, durava cada canção. Ela pensou, pensou e arriscou: "Em média três minutos". Fiz um cálculo rápido e disse: "Então teremos 45 minutos de canções... quanto resta para as leituras, preces, homilia, liturgia eucarística etc.?" Ela levou um susto. Parecia bloqueada. Facilitei o cálculo: "Sobrou entre quinze minutos e meia hora". Ela arregalou os olhos e caiu em si. Haviam exagerado no número de canções.

Quebrei o gelo com uma sugestão: "Vamos dividir pela metade? Celebramos em uma hora, metade do tempo cantamos e a outra metade rezamos... vou resumir minha homilia a seis minutos". Ela concordou. Mas eu fui além. Porém, para cantar meia hora, será necessário retirar cinco canções de sua lista. Aí começou o drama.

Ela me pediu um instante e chamou todo o ministério. Denunciou solenemente minha "crueldade" sem maiores explicações: "O padre quer que a gente retire cinco canções desta lista". A reação foi imediata. Percebi que as canções tinham donos. Não se poderia tirar o novo canto do Ato Penitencial porque tinha o solo do fulano. Impossível retirar a canção preparada para depois do Evangelho (que não está prevista no rito), pois era composição de alguém do grupo e haviam preparado uma dança que acompanhava o canto. Na hora da paz havia uma canção a duas vozes que teria dado muito trabalho para o guitarrista tirar o solo igual ao do CD... e retirá-la iria provocar grande frustração, e ele poderia deixar de vir à missa. Depois fiquei sabendo que ele só começou a participar da missa depois que foi convidado a tocar sua guitarra.

Sugeri tirar um dos dois cantos de comunhão. Vi que uma das garotas ficou imediatamente impactada: era o solo dela. "Então podemos fazer silêncio na ação de graças e deixar esse canto de pós-comunhão para outro dia." Fui alertado que essa era a única canção que não poderia sair, pois toda a família de uma das cantoras estava ali para ver a menina cantar. Diziam que ela tinha uma voz igual a uma cantora católica famosa.

Já sem chance de retirar qualquer canção perguntei: "O que tiramos então?" Um deles disse: "Que tal rezar o Salmo Responsorial". Aí quem ficou assustado fui eu. Salmo foi feito para cantar. Resultado: a missa durou duas horas e o povo saiu com uma sensação de que poderia ser menos... e poderia mesmo.

A tragédia das quinze canções é mais comum do que se imagina. Você deve estar pensando: "história... esse padre está exagerando... isso não existe... então aí vai a lista das canções previstas para aquela missa.

1. Entrada
2. Ato Penitencial
3. Glória
4. Salmo Responsorial
5. Aclamação ao Evangelho
6. Preparação para a Homilia
7. Apresentação das Oferendas
8. Santo
9. Pai-nosso
10. Cordeiro de Deus
11. Paz
12. Comunhão 1
13. Comunhão 2
14. Pós-comunhão
15. Canto final

Ops... Parece com o que você faz toda semana? Isso mesmo. Essa história é mais comum que parece. O que seria razoável? Dez canções no máximo: meia hora de música é o bastante. Faça um exercício prático. O que você retiraria da lista acima?

27
COMO ESCOLHER AS MÚSICAS DA MISSA?

PJz

Esta é uma pergunta que me fazem por todos os lugares onde dou formação para músicos: qual o sentido de cada canção? É importante saber para escolher a música certa, para o momento certo, sintonizada com tempo litúrgico e adequada à realidade daquele povo.

Vou começar pelo final. A música para ser litúrgica tem de ser "popular", ou seja, levar o povo à oração. Existem canções muito boas, mas que soam estranhas musicalmente em algumas regiões. Até mesmo no Brasil, um país de dimensões continentais, o respiro musical do povo nordestino é bem diferente daquele que escuto no sul. É claro que aquilo que será adequado liturgicamente para uma missa em Santa Catarina pode soar estranho e artificial em Pernambuco.

É preciso considerar também o tempo litúrgico. Isto exige algum estudo e atenção da parte dos músicos. É claro que ninguém cantaria (espero!) uma música de natal na páscoa. Mas para estar bem em sintonia com o espírito do "ano litúrgico", aí vão duas dicas a) antes de escolher as músicas da missa, leia a "oração do dia" (Coleta). Normalmente ela expressa de modo bastante sintético o sentido daquela celebração, situada no tempo litúrgico. b) Outra dica é ler ao menos o Evangelho do dia. Algum músicos já comentaram comigo no final da missa: "Se eu soubesse que hoje o evangelho era do filho pródigo teria colocado na apresentação das ofertas aquela canção: 'Muito alegre eu te pedi o que era meu...'" Antes que seja tarde, leia o evangelho do domingo durante a semana e terá ideia para várias canções.

Para que não reste nenhuma dúvida sobre o sentido de cada canção possível em uma celebração eucarística, vou utilizar literalmente aqui a orientação oficial da Igreja Católica e expressa na *Instrução Geral sobre o Missal Romano* (IGMR).

Importância do canto

O Apóstolo aconselha os fiéis, que se reúnem em assembleia para aguardar a vinda do Senhor, a cantarem juntos salmos, hinos e cânticos espirituais (cf. Cl 3,16), pois o canto constitui um sinal de alegria do coração (cf. At 2,46). Por isso, dizia com razão Santo Agostinho: "Cantar é próprio de quem ama", e há um provérbio antigo que afirma: "Quem canta bem, reza duas vezes". "Portanto, dê-se esse grande valor ao uso do canto na celebração da missa, tendo em vista a índole dos povos e as possibilidades de cada assembleia litúrgica. Ainda que não seja necessário cantar sempre todos os textos de per si destinados ao canto, por exemplo nas missas dos dias de semana, deve-se zelar para que não falte o canto dos ministros e do povo nas celebrações dos domingos e festas de preceito" (IGMR 39-40a).

Escolha o que cantar

"Na escolha das partes que de fato são cantadas, deve-se dar preferência às mais importantes e sobretudo àquelas que o sacerdote, o diácono, o leitor cantam com respostas do povo; ou então àquelas que o sacerdote e o povo devem proferir simultaneamente" (IGMR 40b).

Estilo musical

"Em igualdade de condições, o canto gregoriano ocupa o primeiro lugar, como próprio da Liturgia romana. Outros gêneros de música sacra, especialmente a polifonia, não são absolutamente excluídos, contanto que se harmonizem com o espírito da ação litúrgica e favoreçam a participação de todos os fiéis" (IGMR 41a).

Celebrações internacionais

"Uma vez que se realizam sempre mais frequentemente reuniões internacionais de fiéis, convém que aprendam a cantar juntos em latim ao menos algumas partes do Ordinário da Missa, principalmente o símbolo da fé e a oração do Senhor, empregando-se melodias mais simples" (IGMR 41b).

Entrada

"Reunido o povo, enquanto o sacerdote entra com o diácono e os ministros, começa o canto da entrada. A finalidade desse canto é abrir a celebração, promover a união da assembleia, introduzir no mistério do tempo litúrgico ou da festa e acompanhar a procissão do sacerdote e dos ministros. O canto é executado alternadamente pelo grupo de cantores e pelo povo, ou pelo cantor e pelo povo, ou só pelo grupo de cantores. Pode-se usar a antífona com seu salmo do Gradual romano ou do Gradual simples, ou então outro canto condizente com a ação sagrada e com a índole do dia ou do tempo, cujo texto tenha sido aprovado pela Conferência dos Bispos. Não havendo canto à entrada, a antífona proposta no Missal é recitada pelos fiéis, ou por alguns deles, ou pelo leitor; ou então, pelo próprio sacerdote, que também pode adaptá-la a modo de exortação inicial" (IGMR 47-48).

Ato penitencial

"Em seguida, o sacerdote convida para o ato penitencial, que após breve pausa de silêncio é realizado por toda a assembleia, através de uma fórmula de confissão geral, e concluído pela absolvição do sacerdote, absolvição que, contudo, não possui a eficácia do sacramento da penitência. Aos domingos, particularmente, no tempo pascal, em lugar do ato penitencial de costume, pode-se fazer, por vezes, a bênção e aspersão da água em recordação do batismo" (IGMR 51).

Senhor, tende piedade

"Depois do ato penitencial inicia-se sempre o Senhor, tende piedade, a não ser que já tenha sido rezado no próprio ato penitencial. Tratando-se de um canto em que os fiéis aclamam o Senhor e imploram sua misericórdia, é executado normalmente por todos, tomando parte nele o povo e o grupo de cantores ou o cantor. Via de regra, cada aclamação é repetida duas vezes, não se excluindo, porém, um número maior de repetições por causa da índole das diversas línguas, da música ou das circunstâncias. Quando o Senhor é cantado como parte do ato penitencial, antepõe-se a cada aclamação uma 'invocação'" (IGMR 52).

Glória a Deus nas alturas

"O Glória, é um hino antiquíssimo e venerável, pelo qual a Igreja, congregada no Espírito Santo, glorifica e suplica a Deus Pai e ao Cordeiro. O texto deste hino não pode ser substituído por outro. Entoado pelo sacerdote ou, se for o caso, pelo cantor ou o grupo de cantores, é cantado por toda a assembleia ou pelo povo que o alterna com o grupo de cantores, ou pelo próprio grupo de cantores. Se não for cantado, deve ser recitado por todos juntos ou por dois coros dialogando entre si. É cantado ou recitado aos domingos, exceto no tempo do Advento e da Quaresma, nas solenidades e festas e ainda em celebrações especiais mais solenes" (IGMR 52).

Liturgia da Palavra

"A parte principal da liturgia da palavra é constituída pelas leituras da Sagrada Escritura e pelos cantos que ocorrem entre elas, sendo desenvolvida e concluída pela homilia, pela profissão de fé e pela oração universal ou dos fiéis. Pois nas leituras explanadas pela homilia, Deus fala a seu povo, revela o mistério da redenção e da salvação e oferece alimento espiritual; e o próprio Cristo, por sua palavra, acha-se presente no meio dos fiéis. Pelo silêncio e pelos cantos, o povo se apropria dessa palavra de Deus e a ela adere pela profissão de fé; alimentado por essa palavra, reza na oração universal pelas necessidades de toda a Igreja e pela salvação do mundo inteiro" (IGMR 55).

O silêncio

"A liturgia da palavra deve ser celebrada de tal modo que favoreça a meditação; por isso deve ser de todo evitada qualquer pressa que impeça o recolhimento. Integram-na também breves momentos de silêncio, de acordo com a assembleia reunida, pelos quais, sob a ação do Espírito Santo, se acolhe no coração a Palavra de Deus e se prepara a resposta pela oração. Convém que tais momentos de silêncio sejam observados, por exemplo, antes de se iniciar a própria liturgia da palavra, após a primeira e a segunda leitura, como também após o término da homilia" (IGMR 56).

Salmo responsorial

"À primeira leitura segue-se o salmo responsorial, que é parte integrante da liturgia da palavra, oferecendo uma grande importância litúrgica e pastoral, por favorecer a meditação da palavra de Deus. O Salmo responsorial deve responder a cada leitura e normalmente será tomado do lecionário. De preferência, o salmo responsorial será cantado, ao menos no que se refere ao refrão do povo.

Assim, o salmista ou cantor do salmo, do ambão ou de outro lugar adequado, profere os versículos do salmo, enquanto toda a assembleia escuta sentada, geralmente participando pelo refrão, a não ser que o salmo seja proferido de modo contínuo, isto é, sem refrão. Mas para que o povo possa mais facilmente recitar o refrão salmódico, foram escolhidos alguns textos de refrões e de salmos para os diversos tempos do ano e as várias categorias de santos, que poderão ser empregados em lugar do texto correspondente à leitura, sempre que o salmo é cantado. Se o salmo não puder ser cantado, seja recitado do modo mais apto para favorecer a meditação da palavra de Deus. Em lugar do salmo proposto no lecionário, pode-se cantar também um responsório gradual do Gradual romano ou um salmo responsorial ou aleluiático do Gradual Simples, como se encontram nesses livros" (IGMR 61).

Aclamação antes da proclamação do Evangelho

"Após a leitura que antecede imediatamente o Evangelho, canta-se o Aleluia ou outro canto estabelecido pelas rubricas, conforme exigir o tempo litúrgico. Tal aclamação constitui um rito ou ação por si mesma, através do qual a assembleia dos fiéis acolhe o Senhor que lhe vai falar no Evangelho, saúda-o e professa sua fé pelo canto. É cantado por todos, de pé, primeiramente pelo grupo de cantores ou cantor, sendo repetido, se for o caso; o versículo, porém, é cantado pelo grupo de cantores ou cantor. a) O Aleluia é cantado em todo o tempo, exceto na Quaresma. O versículo é tomado do lecionário ou do gradual. b) No Tempo da Quaresma, no lugar do Aleluia, canta-se o versículo antes do Evangelho proposto no lecionário. Pode-se cantar também um segundo salmo ou trato, como se encontra no gradual" (IGMR 62).

Salmo de aclamação

"Havendo apenas uma leitura antes do Evangelho: a) no tempo em que se diz o Aleluia, pode haver um salmo aleluiático ou um salmo e o Aleluia com seu versículo; b) no tempo em que não se diz o Aleluia, pode haver um salmo e o versículo antes do Evangelho ou somente o salmo; c) o Aleluia ou o versículo antes do Evangelho podem ser omitidos quando não são cantados" (IGMR 63).

Sequência

"A sequência que, exceto nos dias da Páscoa e de Pentecostes, é facultativa, é cantada antes do Aleluia" (IGMR 64).

Profissão de fé

"O símbolo ou a profissão de fé tem por objetivo levar todo o povo reunido a responder à palavra de Deus anunciada da Sagrada Escritura e explicada pela homilia, bem como, proclamando a regra da fé através de fórmula aprovada para o uso litúrgico, recordar e professar os grandes mistérios da fé, antes de iniciar sua celebração na Eucaristia. O símbolo deve ser cantado ou recitado pelo sacerdote com o povo aos domingos e solenidades; pode-se também dizer em celebrações especiais de caráter mais solene. Quando cantado, é entoado pelo sacerdote ou, se for oportuno, pelo cantor ou pelo grupo de cantores; é cantado por todo o povo junto, ou pelo povo alternando com o grupo de cantores. Se não for cantado, será recitado por todos juntos, ou por dois coros alternando entre si" (IGMR 67-68).

Oração universal

"Na oração universal ou oração dos fiéis, o povo responde de certo modo à palavra de Deus acolhida na fé e, exercendo sua função sacerdotal, eleva preces a Deus pela salvação de todos. Convém que normalmente se faça essa oração nas missas com o povo, de tal sorte que se reze pela Santa Igreja, pelos governantes, pelos que sofrem necessidades, por todos os seres humanos e pela salvação do mundo inteiro. Normalmente serão estas as séries de intenções: a) pelas necessidades da Igreja; b) pelos poderes públicos e pela salvação de todo o mundo; c) pelos que sofrem qualquer dificuldade; d) pela comunidade local. No entanto, em alguma celebração especial, tal como Confirmação, Matrimônio, Exéquias, as intenções podem referir-se mais estreitamente àquelas circunstâncias. Cabe ao sacerdote celebrante, de sua cadeira, dirigir a oração. Ele a introduz com breve exortação, convidando os fiéis a rezarem e depois a conclui. As intenções propostas sejam sóbrias, compostas por sábia liberdade e breves palavras e expressem a oração de toda a comunidade. As intenções são proferidas, do ambão ou de outro lugar apropriado, pelo diácono, pelo cantor, pelo leitor ou por um fiel leigo. O povo, de pé, exprime sua súplica, seja por uma invocação comum após as intenções proferidas, seja por uma oração em silêncio" (IGMR 69-71).

Preparação dos dons

"O canto das oferendas acompanha a procissão das oferendas e se prolonga pelo menos até que os dons tenham sido colocados sobre o altar. As normas relativas ao modo de cantar são as mesmas que para o canto da entrada. O canto pode sempre fazer parte dos ritos das oferendas, mesmo sem a procissão dos dons" (IGMR 74).

Oração eucarística

"Inicia-se agora a oração eucarística, centro e ápice de toda a celebração, prece de ação de graças e santificação. O sacerdote convida o povo a elevar os corações ao Senhor na oração e ação de graças e o associa à prece que dirige a Deus Pai, por Cristo, no Espírito Santo, em nome de toda a comunidade. O sentido dessa oração é que toda a assembleia se una com Cristo na proclamação das maravilhas de Deus e na oblação do sacrifício. A oração eucarística exige que todos a ouçam respeitosamente e em silêncio. Podem distinguir-se do seguinte modo os principais elementos que compõem a oração eucarística: a) Ação de graças (expressa principalmente no Prefácio) em que o sacerdote, em nome de todo o povo santo, glorifica a Deus e lhe rende graças por toda a obra da salvação ou por um de seus aspectos, de acordo com o dia, a festividade ou o tempo. b) A aclamação pela qual toda a assembleia, unindo-se aos espíritos celestes, canta o Santo. Esta aclamação, parte da própria oração eucarística, é proferida por todo o povo com o sacerdote. c) A epíclese, na qual a Igreja implora por meio de invocações especiais a força do Espírito Santo para que os dons oferecidos pelo ser humano sejam consagrados, isto é, tornem-se o Corpo e Sangue de Cristo, e que a hóstia imaculada torne-se a salvação daqueles que vão recebê-la em Comunhão. d) A narrativa da instituição e consagração, quando pelas palavras e ações de Cristo se realiza o sacrifício que ele instituiu na última Ceia, ao oferecer seu Corpo e Sangue sob as espécies de pão e vinho, e entregá-los aos apóstolos como comida e bebida, dando-lhes a ordem de perpetuar esse mistério. e) A anamnese, pela qual, cumprindo a ordem recebida do Cristo Senhor através dos Apóstolos, a Igreja faz a memória do próprio Cristo, relembrando principalmente sua bem-aventurada paixão, a gloriosa ressurreição e a ascensão aos céus. f) A oblação, pela qual a Igreja, em particular a assembleia atualmente reunida, realizando esta memória, oferece ao Pai, no Espírito Santo, a hóstia imaculada; ela deseja, porém, que os fiéis não apenas ofereçam a hóstia imaculada, mas aprendam a oferecer-se a si próprios, e se aperfeiçoem, cada vez mais, pela mediação do Cristo, na união com Deus e com o próximo, para que finalmente Deus seja tudo em todos. g) As intercessões, pelas quais se exprime que a Eucaristia é celebrada em comunhão com toda a Igreja, tanto celeste como terrestre, que a oblação é feita por ela e por todos os seus membros vivos e defuntos, que foram chamados a participar da redenção e da salvação obtidas pelo Corpo e Sangue de Cristo. h) A doxologia final que exprime a glorificação de Deus e é confirmada e concluída pela aclamação Amém do povo" (IGMR 78-78).?

A Oração do Senhor

"Na Oração do Senhor pede-se o pão de cada dia, que lembra para os cristãos antes de tudo o pão eucarístico, e pede-se a purificação dos pecados, a fim de que as coisas santas sejam verdadeiramente dadas aos santos. O sacerdote profere o convite, todos os fiéis recitam a oração com o sacerdote, e o sacerdote acrescenta sozinho o embolismo, que o povo encerra com a doxologia. Desenvolvendo o último pedido do Pai-nosso, o embolismo suplica que toda a comunidade dos fiéis seja libertada do poder do mal. O convite, a própria oração, o embolismo e a doxologia com que o povo encerra o rito são cantados ou proferidos em voz alta" (IGMR 81).

Rito da paz

"Segue-se o rito da paz, no qual a Igreja implora a paz e a unidade para si mesma e para toda a família humana e os fiéis exprimem a comunhão eclesial e a mútua caridade, antes de comungar do Sacramento. Quanto ao próprio sinal de transmissão da paz, seja estabelecido pelas Conferências dos Bispos, de acordo com a índole e os costumes dos povos, o modo de realizá-lo. Convém, no entanto, que cada qual expresse a paz de maneira sóbria apenas aos que lhe estão mais próximos" (IGMR 82).

Fração do pão

"O sacerdote parte o pão eucarístico, ajudado, se for o caso, pelo diácono ou um concelebrante. O gesto da fração realizado por Cristo na última ceia, que no tempo apostólico deu o nome a toda a ação eucarística, significa que muitos fiéis, pela Comunhão no único pão da vida, que é o Cristo, morto e ressuscitado pela salvação do mundo, formam um só corpo (1Cor 10,17). A fração se inicia terminada a transmissão da paz e é realizada com a devida reverência, contudo, de modo que não se prolongue desnecessariamente, nem seja considerada de excessiva importância. Este rito é reservado ao sacerdote e ao diácono. O sacerdote faz a fração do pão e coloca uma parte da hóstia no cálice, para significar a unidade do Corpo e do Sangue do Senhor na obra da salvação, ou seja, do Corpo vivente e glorioso de Cristo Jesus. O grupo dos cantores ou o cantor ordinariamente canta ou, ao menos, diz em voz alta a súplica Cordeiro de Deus, à qual o povo responde. A invocação acompanha a fração do pão; por isso, pode-se repetir quantas vezes for necessário até o final do rito. A última vez conclui-se com as palavras dai-nos a paz" (IGMR 83).

Comunhão

"O sacerdote prepara-se por uma oração em silêncio para receber frutuosamente o Corpo e Sangue de Cristo. Os fiéis fazem o mesmo, rezando em silêncio. A seguir, o sacerdote mostra aos fiéis o pão eucarístico sobre a patena ou sobre o cálice e convida-os ao banquete de Cristo; e, unindo-se aos fiéis, faz um ato de humildade, usando as palavras prescritas do Evangelho. É muito recomendável que os fiéis, como também o próprio sacerdote deve fazer, recebam o Corpo do Senhor em hóstias consagradas na mesma missa e participem do cálice nos casos previstos, para que, também através dos sinais, a Comunhão se manifeste mais claramente como participação no sacrifício celebrado atualmente. Enquanto o sacerdote recebe o Sacramento, entoa-se o canto da comunhão que exprime, pela unidade das vozes, a união espiritual dos comungantes, demonstra a alegria dos corações e realça mais a índole 'comunitária' da procissão para receber a Eucaristia. O canto prolonga-se enquanto se ministra a Comunhão aos fiéis. Havendo, porém, um hino após a Comunhão, encerre-se em tempo o canto da Comunhão. Haja o cuidado para que também os cantores possam comungar com facilidade. Para o canto da comunhão pode-se tomar a antífona do gradual romano, com ou sem o salmo, a antífona com o salmo do gradual simples ou outro canto adequado, aprovado pela Conferência dos Bispos. O canto é executado só pelo grupo dos cantores ou cantor com o povo. Não havendo canto, a antífona proposta no missal pode ser recitada pelos fiéis, por alguns dentre eles ou pelo leitor, ou então pelo próprio sacerdote, depois de ter comungado, antes de distribuir a Comunhão aos fiéis" (IGMR 84-87).

Silêncio

"Terminada a distribuição da Comunhão, ser for oportuno, o sacerdote e os fiéis oram por algum tempo em silêncio. Se desejar, toda a assembleia pode entoar ainda um salmo ou outro canto de louvor ou hino" (IGMR 88).

Canto final

A *Instrução Geral sobre o Missal Romano* não fala de um canto final. Este pode ser cantado pelo grupo de cantores como uma forma de ambientação da saída dos ministros e de todo o povo que vai em "missão".

O lugar do grupo de cantores

"O grupo dos cantores, segundo a disposição de cada igreja, deve ser colocado de tal forma que se manifeste claramente sua natureza, isto é, que faz parte da assembleia dos fiéis, onde desempenha um papel particular; que a execução de sua função se torne mais fácil; e possa cada um de seus membros facilmente obter uma participação plena na missa, ou seja, participação sacramental" (IGMR 312).

O lugar e a função dos instrumentos musicais

"O órgão e outros instrumentos musicais legitimamente aprovados sejam colocados em tal lugar que possam sustentar o canto do grupo de cantores e do povo e possam ser facilmente ouvidos, quando tocados sozinhos. Convém que o órgão seja abençoado antes de ser destinado ao uso litúrgico, segundo o rito descrito no Ritual Romano. No Tempo do Advento o órgão e outros instrumentos musicais sejam usados com moderação tal que convenha à índole desse tempo, sem contudo, antecipar aquela plena alegria do Natal do Senhor. No Tempo da Quaresma o toque do órgão e dos outros instrumentos é permitido somente para sustentar o canto. Excetuam-se, porém, o domingo 'Laetare' (IV na Quaresma), as solenidades e as festas" (IGMR 313).

A escolha dos cantos

"Não é lícito substituir os cantos colocados no Ordinário da Missa, por exemplo, o Cordeiro de Deus por outros cantos. Na seleção dos cantos interlecionais e dos cantos da Entrada, das Oferendas e da Comunhão, observem-se as normas estabelecidas nos respectivos lugares" (IGMR 366-367).

O papel da CNBB

"Compete às Conferências dos Bispos definir as adaptações e introduzi-las no próprio Missal, com a aprovação da Sé Apostólica, pontos indicados nesta Instrução Geral e no Ordinário da Missa, como: [...] textos dos cantos da Entrada, da Preparação das Oferendas e da Comunhão" (IGMR 390).

Fiz essa coletânea de textos oficiais da Igreja para que você possa ler, reler e entender que a escolha das músicas não segue os critérios pessoais do padre, nem do músico, nem sequer a preferência estética do povo. Existem critérios oficiais, objetivos e claros. Conhecê-los ajudará a colocar as canções no ritmo da celebração... sem descompasso!

28
TEOLOGIA DA MÚSICA SACRA

PJz

Muita gente sabe que o Papa Bento XVI não é apenas um admirador da boa música, mas ele próprio a cultiva quase que diariamente pelo estudo informal de piano. O que pouca gente sabe é que o papa professor tem uma consistente reflexão teológica sobre a música sacra.

Ele está muito atento às mais diversas interpretações que foram dadas àquilo que o Concílio Vaticano II falou sobre a música. Sua questão de fundo é se a música sacra pode ser reduzida à "funcionalidade" e popularidade participativa, ou se possui uma dimensão mais gratuita que a sintoniza com o senso de totalidade.

Em sua pesquisa, Bento XVI busca a reflexão de Santo Tomás de Aquino, que já se perguntava se é ou não oportuno cantar no culto cristão. O Doutor Angélico considera vozes contrárias ao canto, como a de certos ascetas que levantam a suspeita de que junto com a música venha certa sensualidade que não se coaduna com a pureza do rito e dispersa mais que eleva. Lembra também um decreto do papa Gregório Magno que proibia, a partir da ordenação diaconal, os ministros de serem cantores (nesse tempo não poderia existir um padre cantor). A única exceção era a possibilidade de cantar o Evangelho durante a missa. Finalmente, não faltou quem interpretasse o conselho da Carta aos Colossenses (3,16) de louvar com "cânticos espirituais" no sentido de que é melhor cantar com a mente do que com a boca. Porém, Santo Tomás indo mais fundo argumenta, contra todo rigorismo, que a música é desejável na liturgia para que, "pelo prazer dos ouvidos, sejam atraídos para Deus os de espírito mais fraco".

Tudo isso indica um significado pedagógico para a música sacra. Mas existe também um fundamento "teológico", ou seja, ela tem em si o poder de elevar as mentes e os corações para Deus, sempre com o risco de estacionar na música. Para que esse perigo seja evitado e a música cumpra sua função ritual, ensina Bento XVI que ela deve ter as qualidades esperadas da própria liturgia: que seja simples sem ser banal; que seja católica (universal) sem cair na uniformidade; que favoreça a participação de todos sem cair no popularismo; que eleve os espíritos sem cair no sentimentalismo; que seja parte integrante do rito e não simples adorno; que tenha originalidade sem cair no consumismo musical; que seja bela sem ser vaidosa; que expresse a índole dos povos sem ser efêmera moda passageira.

O que Bento XVI procura mostrar-nos é que podemos fazer uma séria reflexão filosófico-teológica sobre a qualidade daquilo que cantamos. A música tem seu significado antropológico-cultural. Isto não significa que precisamos refletir enquanto cantamos, porém, antes e depois, sim! E por que refletir? Porque a música, como todo elemento cultural, esconde suas ambiguidades. Pode ser instrumento de paz e também promover a guerra. Pode inspirar tranquilidade e também provocar ira, raiva, desejo de vingança. Imagine o estrago que pode fazer na liturgia e mesmo na catequese uma música com letra religiosa e melodia que incita o ódio... É o avesso, do avesso do avesso.

Bento XVI nos adverte sobre esses riscos e sobre o potencial belíssimo que a música contém. Ele mostra que hoje existe um mercado musical que é efêmero e que todo dia busca uma novidade para se consumir. Seria lamentável se este espírito chegasse à liturgia. E chegou! Outro risco é transpor automaticamente aquilo que cantamos no dia a dia para a liturgia. Com isso banalizamos o rito e tornamos tudo muito parecido, empobrecendo a própria música sacra. Não é por aí que passa a desejável inculturação. A música sacra deve ter o respiro de um determinado povo, porém mantendo sua sacralidade. A via fácil do mimetismo pode parecer rápida, porém é passageira. Com isso, acabamos criando uma "subcultura musical", adverte Bento XVI. Se, ao contrário, estivermos na sintonia litúrgica, nossa música ultrapassará em sensibilidade a moderna cultura do grito e será plena de sensibilidade e beleza, canal para entrar em comunhão com Deus.

29
A MATÉRIA-PRIMA DA MÚSICA É O SILÊNCIO

PJz

A Bíblia começa assim (Gn 1,1-5):

> No princípio, Deus criou os céus e a terra.
> A terra estava informe e vazia;
> as trevas cobriam o abismo
> e o Espírito de Deus pairava sobre as águas.
> Deus disse: "Faça-se a luz!" E a luz foi feita.
> Deus viu que a luz era boa
> e separou a luz das trevas.
> Deus chamou à luz DIA
> e às trevas NOITE.
> Sobreveio a tarde e depois a manhã:
> foi o primeiro dia.

É a expressão perfeita de toda criação artística. No princípio a terra estava "informe e vazia". Todo oleiro em algum momento se encontra diante da argila sem forma. Todo poeta tem a mente inspirada, mas uma folha branca diante de si. A melodia está na imaginação do compositor, mas é preciso transformá-la em sons e registrar na partitura. O pintor tem seu momento de indecisão com os pincéis na mão e diante do quadro vazio. Todas as possibilidades de forma dependem de suas pequenas decisões.

Se a Sagrada Escritura tivesse sido escrita unicamente para músicos, certamente começaria assim:

No princípio, Deus compôs uma letra com melodia.
A terra estava em completo silêncio;
nada se ouvia nos abismos
e o Espírito de Deus pairava sobre as águas.
Deus disse: "Faça-se o som!" E o som foi feito.
Deus viu que o som era bom,
e separou o som do silêncio.
Deus chamou ao som MÚSICA,
e ao silêncio PAUSA.
Sobreveio uma bela canção:
foi o primeiro dia.

Não existe música verdadeiramente inspirada sem este "princípio e fundamento" que é o silêncio. Músico que não conhece a arte da "pausa" não respira e... morre asfixiado na própria canção.

Querer fazer música sem exercitar a arte de calar as vozes exteriores e interiores é o mesmo que querer pintar um quadro sem tela ou modelar um vaso sem argila.

O silêncio é uma arte e é fruto de uma disciplina. Quando vivemos a dinâmica diária do barulho, tiramos o espaço interior que seria o berço de novas canções. Músicos agitados com mil preocupações têm dificuldade de ecoar canções inspiradas.

Fazer silêncio foi um conselho insistente de Jesus. Ele chegou a dizer: "Não multiplique palavras. Entra no teu quarto e reza a teu Pai em silêncio" (Mt 6,6). Ao ler esse elogio ao silêncio e à quietude, alguns músicos poderão ficar desanimados, imaginando que este ideal é impossível, pois vivem em uma sociedade barulhenta e agitada. É possível sim. O pior não são os barulhos exteriores, mas aqueles que tomam conta de nossa alma. A vida interior desorganizada costuma lançar gritos silenciosos que são como que aquele canal de TV fora do ar. Fica um incômodo barulho que não permite que escutemos mais nada. O silêncio sem sintonia não faz sentido. Um cemitério costuma ser um lugar bastante silencioso, nem por isso quem está lá compõe belas canções. O silêncio dos vivos é a matéria-prima da sintonia com Deus e com os irmãos. É atributo dos vivos!

Faça exercícios de silêncio, de quietude, de sintonia. Afine seu instrumento interior nos tons de Deus. Ao final, quando você cantar, verá que a harmonia ultrapassa a beleza plástica de sua voz. Ao tocar seu instrumento terá um fôlego diferente, que veio do silencioso Espírito de Deus.

30
HARMONIA DE COMUNHÃO
PJz

Uma melodia não é feita de uma nota só. Existe uma variedade de sons. A música ocidental convencionou que existem sete notas musicais. Mas logo alguém percebeu que isso não era suficiente. Criaram-se os semitons. Entre o dó e o ré existe a possibilidade do dó sustenido, que pode ser chamado também de ré bemol. Dois nomes para o mesmo som. Mas por algum motivo não colocaram semitom entre todas as notas, assim ficamos com sete notas e cinco semitons. Ou seja, toda a música ocidental é construída a partir de doze possibilidades sonoras.

A música é o resultado complexo de um encadeamento de sons e pausas dentro de uma escala que dá o tom. Todo músico quando vai inserir-se em uma canção pergunta: "qual é o tom"? Esta é a primeira lição. Entre os que cantam deve existir "sintonia", ou seja, cantar e tocar no "mesmo tom". É muito estranho quando alguém entra "fora do tom". Aplique a sintonia à vida espiritual do músico e chegará à conclusão de que a sintonia não depende apenas da emissão externa do som, pois música é a linguagem do "espírito", da interioridade, do coração. Podem existir corações que tentam cantar juntos, mas estão em sintonia diferente. Isto resulta em uma canção sem harmonia... ops! Palavra nova.

A harmonia é uma emissão simultânea de sons que resultam em determinada percepção sonora. Toque dó-mi-sol e terá o acorde de Dó Maior. Há uma gama de teorias sobre "harmonia e improvisação". Aliás, cada povo tem sua tradição harmônica. No Brasil temos uma rica história harmônica que herdamos das culturas que nos plasmaram. Se na sintonia é necessário que todos cantem e toquem no mesmo tom, na harmonia vale o contrário: a beleza vem da diversidade. É preciso que se unam tons graves e agudos, masculinos e femininos, humanos e instrumentais, para que exista uma harmonia. Mas ainda nessa pluralidade de sons existe uma comunhão sonora. Se uma só pessoa estiver fora de "seu tom", o maestro logo perceberá. Portanto, a música é a arte de estar em sintonia harmônica. É a unidade na diversidade. Cada um deve manter sua identidade, porém em comunhão com o diferente. O resultado dessa comunhão é a sinergia... mais uma palavra!

Sinergia vem do grego e significa comunhão de forças. Quando cantamos e tocamos em sintonia harmônica, emitimos uma massa sonora que tem impacto, tem força. E toca os ouvidos e os corações de quem ouve. É bonito ouvir um grupo musical que tem sinergia. Esta é uma experiência tão fantástica que nem precisamos muitas palavras para descrever. Apenas é preciso dizer que a sinergia só é possível para pessoas que cantam "unidas". Se houver discórdia e divisão entre os membros do grupo, a sinergia será impossível. Na música sacra professamos a fé de que esta energia é espiritual e vem de Deus. É seu Espírito com sua força que canta em cada um de nós.

Toda música tem seu ritmo, com métrica ou sem métrica (que seria o compasso). Não basta ficar no tom e na harmonia sinérgica. É preciso manter o ritmo. Na dança isso é mais do que notório. Existem casais que parecem uma pessoa só em movimento. Música são sons em movimento. É preciso estar no "tempo da música", ou seja, na sincronia.

Uma canção cantada desse modo acaba atraindo a "simpatia", ou seja, as pessoas sentem o que a música transmite. Um músico simpático não é apenas uma pessoa agradável. É alguém que sentiu a alma do povo e a transformou em canção, devolvendo-a ao mesmo povo. Essa canção nasce da compaixão, especialmente com os pobres e excluídos.

Finalmente, se toda essa harmonia de comunhão for exercitada por um grupo de canto, teremos uma "sinfonia", ou seja, um milagre da harmonia, dos sons e dos ritmos. E pensar que nosso coração tem uma melodia permanente em suas batidas vitais...

31
RETIRO DE MÚSICOS
PJz

O primeiro retiro que preguei em minha vida foi para músicos, em 1988, em Londrina, no Paraná. Lembro do telefonema daquele que depois ficou conhecido como Pe. Léo: "Joãozinho, tenho uma tarefa para você. Um retiro de aprofundamento para músicos". Não disse muitas coisas a mais. Na época eu era religioso de votos temporários da Congregação do Coração de Jesus (Dehonianos) e professor em nosso seminário, em Terra Boa, Paraná.

Comecei a rezar e preparar o retiro que de fato aconteceu e que publiquei em meu primeiro livro pelas Edições Loyola: *Cantar em Espírito e Verdade* (1990). Penso que a intuição fundamental daquele retiro continua válida e pode servir de guia para algum grupo de canto, ministério, coral, banda, que queira tirar um final de semana para aprofundar espiritualmente as razões de seu cantar.

Repeti o mesmo roteiro daquele retiro em dezenas de encontros que preguei para músicos. Claro que o esquema das palestras sempre mudou de acordo com as necessidades do lugar e mesmo se era curso ou retiro. As ênfases mudavam, porém a estrutura da experiência de Deus por meio da música continuou sempre a mesma. Na ocasião pedi ao Pe. Zezinho, scj, que fizesse a apresentação e ao Pe. Jonas Abib que dissesse uma palavra. Ambos praticamente resumiram seus dizeres na frase de um salmo:

"Cantai ao Senhor um Canto Novo.
Com arte sustentai a louvação" (Salmo 32,3).

Esse versículo é tão breve como denso. Revela os dois lados da vida do músico: interior e exterior; espiritualidade e técnica; unção e eficiência.

Um retiro para músicos deve ajudar a tornar as canções mais belas e artísticas. Mas isso não fará nenhum sentido se não for expressão de um "coração novo" que canta uma nova canção. Na verdade essa música não é cantada pelo Júnior, pelo André ou pelo João. Não sou eu quem canto. É Cristo quem canta em mim (cf. Gl 2,20). Esta é a espiritualidade do músico cristão. Fazemos a experiência que nossas canções nascem de um lugar bem mais profundo que a eficiência técnica de nossos dedos ou cordas vocais. Podemos treinar diariamente solfejo com voz ou arpejos no teclado. Será uma música apenas humana se não tiver mística e unção.

A espiritualidade do músico cristão nasce no silêncio atento de quem "tem ouvidos para ouvir" a Palavra de Deus e depois ecoá-la como um eco criativo do Criador. Músico que não lê, medita, estuda e vive a Palavra de Deus, ao tocar e cantar oferece apenas sua própria beleza. Imagine o que seria do copo se dispensasse a água e desse ao sedento seu precioso cristal. Quem "bebesse" desse vidro certamente morreria. O mesmo acontece quando damos apenas nossa técnica, esquecendo que é Deus quem canta e toca em cada um de nós.

A experiência de ter um instrumento obediente em suas mãos é muito gratificante para todo músico. É estranho tocar um violão desafinado ou que foi malconstruído, de modo que você toca certo, mas ele toca errado. Assim também somos nós nas mãos de Deus. Ele é o supremo artista. Sempre toca certo. Mas será que somos instrumentos afinados e verdadeiros em suas mãos? Ou mentimos em algumas notas de nossa vida?

Um bom retiro, curso ou encontro para músicos sempre deve considerar estas duas dimensões: espiritualidade e técnica. Sugiro que a primeira parte seja a espiritualidade: "Cantai ao Senhor um canto novo". Somente depois entre em questões práticas e conhecimentos técnicos, como o uso da voz, da respiração, do conhecimento de liturgia, da teoria musical. Lembre-se: o copo é importante, mas a água é fundamental.

32
CANÇÕES INÉDITAS E PESSOAIS

PJz

Pe. Zezinho tem quase duas mil canções que nunca cantou e nunca gravará. Não é novidade, porque o Diácono Santo Efrém escreveu mais de três mil músicas catequéticas que também se perderam. Santa Teresinha só revelou seus escritos por ordem do diretor espiritual. Outros santos vão na mesma linha. Cantar não é o mesmo que editar ou publicar.

Existem canções que Deus nos dá apenas para a nossa edificação pessoal. Aliás, isso não acontece apenas com a música. Em outras dimensões da vida espiritual acontece a mesma coisa.

Uma senhora, certa ocasião, procurou-me com seus manuscritos na mão dizendo que tinha locuções interiores e que Deus pedia a ela que publicasse aquelas mensagens por uma grande editora, e que eu seria o canal para isso. Pedi alguns dias para ler seus escritos. Logo vi que eram frutos de uma espiritualidade sincera, mas doente. Ela confundia fantasias apocalípticas com revelações divinas. Quando voltou, tentei, sem sucesso, convencê-la de que seria melhor guardar suas locuções para sua edificação pessoal e partilhar apenas com um pequeno círculo de pessoas ou mesmo com o diretor espiritual. Ela se alterou e mostrou a verdadeira face da doença. Era portadora de uma histeria disfarçada de piedade. Nunca mais voltou.

Nossas composições em algum momento foram locuções interiores, nas quais Deus nos falou e permitiu que revestíssemos a mensagem com o manto da poesia e da melodia. É preciso muita prudência para discernir o que dessas "inspirações" servirá para a edificação dos outros. Às vezes, chego à conclusão de que Deus estava apenas falando comigo na intimidade de meu coração. E aquilo que é tão íntimo quanto um sacrário interior não pode receber publicidade.

Vivemos em um tempo no qual a intimidade é profanada de todas as maneiras. A internet e, principalmente, as redes sociais publicam cada passo que damos e, muitas vezes, distorcem a realidade manipulando a realidade, criando um "virtual" muito distante do "real". Essas novas mídias tornaram extremamente fácil divulgar algo que acabei de compor. Basta, por exemplo, gravar no celular e publicar no Youtube. Não custa nada e não leva mais que alguns minutos. Isto tem seu lado bom. Porém, quando revelamos nossa intimidade musical, precipitadamente, pode não ser tão bom.

Há outra coisa que gostaria de dizer. Cada canção tem seu momento. Lembro quando gravei *Conheço um coração*, em 1989. Essa canção não falou praticamente ao coração de ninguém. Levou uns quatro anos para a canção tornar-se relevante e hoje fazer parte do restrito número de canções que quase todo o mundo canta de cor.

Isso significa que a canção que Deus inspirou para você hoje pode não ser aquela que as pessoas precisam ouvir hoje. Não entendo bem por que, mas às vezes, recebo canções pela metade. Deus me inspira apenas o refrão ou uma melodia incompleta. Neste momento entendo que preciso deixar aquela melodia dormir. Tenho algumas em meus registros que estão paradas há anos. Outros compositores me confidenciaram que também têm o mesmo "problema". Um deles terminou sua canção dez anos depois e hoje é uma referência musical.

É preciso alguma humildade, mansidão e prudência para não revelar logo o que Deus nos diz ao pé do ouvido. Ele nos revela seus segredos como qualquer amigo faz. Melhor guardar essa voz um tempo. É como uma gestação. Pode levar nove meses. Canções às vezes levam mais tempo e têm um parto difícil. Não desanime, na hora certa, do jeito certo e para as pessoas certas, a canção nascerá... ainda que você já não esteja por estas terras. Imagino que algumas pérolas que guardo em meus arquivos somente farão sentido depois que eu me for.

33
REVISÃO TEOLÓGICA DAS CANÇÕES
PJz

Cada vez recebo mais solicitações de compositores cristãos que pedem para fazer uma "revisão teológica" de suas novas canções. Vamos deixar claro que música é música; não é um tratado teológico. Se alguém desejasse colocar melodia em um tratado sistemático de teologia, provavelmente comporia a canção mais chata e enfadonha da face da terra. A poesia tem seu próprio gênero literário com todas as suas conhecidas "liberdades poéticas".

Mas... sempre é preciso dizer um mas! Em nome da liberdade poética de expressão não se pode compor canções de qualquer jeito. Poemas verdadeiros são profundos e escondem verdades em três palavras que a filosofia e a teologia precisariam de três ou mais páginas para descrever e comprovar.

Santo Tomás de Aquino sabia perfeitamente distinguir os dois gêneros. Falava especulativamente da Eucaristia e era capaz de compor um belo poema de adoração. Vejamos primeiro um texto teológico que consta na Suma Teológica, Parte III, Questão 75:

> Que o verdadeiro Corpo e Sangue de Cristo estejam no sacramento não se pode apreender pelo sentido, mas somente pela fé, que se apoia na autoridade divina. Por isso, o texto do Evangelho de Lucas "Isto é o meu Corpo dado por vós" (Lc 22,19) é comentado por Cirilo: "Não duvides que seja verdade, mas antes aceita as palavras do Salvador na fé: pois, sendo a verdade, não mente".

O mesmo Santo Tomás, em 1264, a pedido do papa Urbano IV, compôs um belo poema em louvor à Eucaristia, para comemorar a instituição da Festa de Corpus Christi. Compare as linguagens e verá que são as mesmas verdades em gêneros literários diferentes:

> Tão sublime Sacramento, adoremos neste altar,
> Pois o Antigo Testamento deu ao Novo seu lugar.
> Venha a Fé, por suplemento os sentidos completar.
> Ao eterno Pai cantemos e a Jesus, o Salvador.
> Ao Espírito exaltemos na Trindade, Eterno Amor.
> Ao Deus Uno, e Trino demos a alegria do louvor.
> Amém. Amém.

Ninguém está totalmente imune ao erro. Por isso é salutar a humildade do músico que submete suas canções ao crivo de um teólogo e a uma pessoa com conhecimentos profundos da língua portuguesa. Isto evitaria alguns erros primários de concordância nominal, por exemplo, que depreciam qualquer poema ainda que inspirado.

Há pequenos equívocos teológicos que não chegam a ser grandes heresias, mas que poderiam ser facilmente evitados se outra pessoa tivesse lido a letra antes de ser divulgada em sua versão final.

Já vi tudo. Houve até quem dissesse com toda piedade: "Nós te adoramos, Mãe Maria". Argumentei que só adoramos a Deus e Maria não é deusa. Ele ficou irritado e disse que a palavra "adorar" em "sua" canção tinha apenas o significado de amar, gostar, estimar. É claro que isso explica, porém não justifica. O músico não tem como explicar para a dona Antônia que piedosamente cantará diante da imagem de Nossa Senhora das Graças: "Eu te adoro, Maria!". O estrago estará feito. Felizmente, a canção não foi para frente, mas o músico negou-se a mudar.

Cada livro que entrego na editora volta da revisão com centenas de alterações gramaticais, ortográficas e até de estilo e conteúdo. Erro e erro muito. Graças a Deus continuo humano e sujeito a falhas. Por isso, o melhor é sempre reconhecer nossos limites e pedir que alguém corrija nossas canções.

Já tive a liberdade de corrigir canções de Pe. Zezinho e ele também tem toda a liberdade de corrigir o que faço. Muitas vezes nossos olhos se acostumam ao erro e não somos capazes mais de ver a falha naquilo que escrevemos. Por isso o ponto de vista do outro sempre é fundamental.

34
INVESTIMENTOS INOPORTUNOS

PJz

A história é dolorosa e recorrente. Músicos costumam ser um pouco, digamos, desorganizados na parte financeira. Parece que faz parte da natureza dos inspirados. Mas acontece que a música exige alguns investimentos que podem não ser tão pequenos.

Tudo começa na escolha de um bom instrumento. Se for eletrônico, precisa de manutenção, caixas, fios, módulos e não sei mais que parafernália de coisas os músicos acabam comprando para poder tocar "com qualidade".

Até aí tudo normal. O problema começa quando aquele músico resolve gravar um CD. Arranjos, músicos profissionais, horas de estúdio, gravação, mixagem, masterização, e, normalmente, é quando o dinheiro acaba e os músicos procuram ajuda. Perdi a conta das vezes em que acompanhei esse filme e o final é sempre o mesmo. Fica uma frustração e um gosto amargo. O músico reclama que não teve apoio, porém não fez um planejamento antes da aventura.

Vejam a lista aí de cima e o CD parou na mixagem. Pois é! Faltou virar um CD de verdade, com capa e impresso pelo menos mil cópias. Um desses músicos me procurou com uma história inusitada. Ele até que fez um planejamento. Por suas contas bastaria vender mil CDs para pagar todas as despesas e ainda sobraria um pouco para imprimir mais mil cópias. Já imaginava até que teria lucro na segunda prensagem. O problema era como vender mil cópias antes de ter o CD! Ele inventou um jeito tão criativo quanto arriscado. Criou uma capa no computador e fez mil fotocópias coloridas. No verso estava escrito: "pré-venda – vale um CD". Colocou toda a sua família para vender a "promessa de CD" na porta da igreja. E não é que deu certo? Vendeu tudo, a dez reais cada CD. Faça as contas. Conseguiu dez mil reais. Era mais do que precisava. A continuação dessa história é tão longa e cheia de tramas e trapaças que poupo sua paciência e vou logo para o final. Ele me procurou com a dívida. Foi gastando, gastando, gastando, e quando viu não tinha nem o dinheiro, nem o CD. O povo começou a cobrar: "cadê o meu CD?"

Poderia contar mais histórias. Mas não é necessário. Este capítulo é um alerta aos músicos que vendem o carro, fazem loucuras por um sonho de plástico. É melhor ponderar antes. Como ensina Jesus no Evangelho. Antes de construir a torre, conte os tijolos. Se você tem o talento para a música, mas não para a tarefa administrativa, convide alguém para produzir seu CD. Não tente fazer isso, pois o preço pode ser caro demais e você pode perder a vontade de cantar.

Se você cultiva o sonho de viver da música, vá devagar. No Brasil ainda são poucos os que conseguem sobreviver apenas cantando canções religiosas. Claro que rezo para que aumente o número de cantores cristãos profissionais. Claro que torço para que a música católica tenha espaço que permita a algumas pessoas inspiradas viver da canção. Mas não é isso que vejo ainda. Já melhorou, mas a maioria das paróquias nem imagina a possibilidade de contratar um músico profissional.

Houve um tempo em que nossas paróquias eram ainda mais informais. Quase todos os trabalhos eram voluntários. Hoje, dificilmente um pároco pensaria em ter colaboradores na secretaria paroquial, na limpeza ou na sacristia sem contrato de trabalho e a justa remuneração. E por que não a música?! É claro que logo virão os catequistas, os ministros da comunhão, os agentes de pastoral. Vou mais longe. Trabalho há anos em uma faculdade formando teólogos e teólogas profissionais. Já pensei que eles seriam disputados pelas paróquias para serem contratados de modo a atuar profissionalmente na formação do povo e dos agentes de pastoral. Infelizmente, isso não tem acontecido. Muitos até são um pouco colocados de lado só porque fizeram teologia. Músicos que se profissionalizam também podem ter menos espaço paroquial. Não se assuste. Insista e resista. Um dia esse espaço haverá. Enquanto isso, cuidado com os investimentos inoportunos. Não tenha medo de procurar um emprego digno, ainda que você seja um músico genial!

35
E QUANDO NÃO ESTOU CANTANDO?
PJz

A vida não se resume em cantar e tocar. Mas se você está no meio de músicos autênticos, saiba que este vai ser o assunto recorrente, mesmo que já tenha passado a hora da canção. Por isso, aqui vai uma dica: lembre-se que existem outras coisas tão importantes quanto seu talento e sua inspiração.

Quando você não está cantando, pode estar com sua família, e eles precisam de sua atenção de qualidade. Há mulheres que se dedicam tanto à musica que esquecem que é preciso também constituir uma família e ter filhos. Homens cantores também caem no mesmo "esquecimento". Conheci uma banda católica que se alguém arrumasse um namorado ou namorada soaria como "traição ao grupo". Mesmo assim uma das cantoras acabou arrumando um namorado e o conflito estava armado. Há algo errado nesses sentimentos possessivos do grupo que impede a vida de seguir seu curso.

Quando você não está cantando, pode estar trabalhando em algo que não tenha nada a ver com a música. E por que não!? Claro que o grande sonho de todo músico é viver de sua arte. Mas pode ser que isso coloque em risco neste momento as pessoas que vivem com você. Sugiro tomar uma boa dose de prudência e não ter medo de sobreviver dignamente do trabalho de suas mãos, ainda que não musicais.

Depois da canção pode "rolar" um sentimento de vazio e até certa tristeza. Depois de seus shows, muitos músicos sentem certa "deprê". Isto é normal. Ocorre com todos os que fazem um grande esforço. Alguns autores até chamam isso de "depressão circunstancial". Quando uma pessoa sofre um grande estresse em determinada circunstância, o corpo pode reagir com um cansaço mórbido. O músico precisa estar atento para evitar fazer da música um momento de estresse. Isso acontece, por exemplo, em longas jornadas de estúdio para a gravação de um CD, ou mesmo depois de uma apresentação em que o músico fez um esforço sobre-humano para passar o som, organizar tudo e depois cantar ou tocar por duas horas empolgando uma pequena multidão. Isso tudo, muitas vezes, sem a alimentação adequada. Músicos não raro esquecem de se alimentar. Não é caso para alarme ou para se entupir de medicamentos estimulantes e depois relaxantes. É preciso agir na causa e ponderar, moderar, equilibrar. Todos nós temos nossa velocidade vital e, ultrapassá-la, pode ser tão perigoso e arriscado quanto passar da velocidade máxima permitida na estrada.

Quando não estou cantando e tocando, posso fazer coisas absolutamente normais, como cultivar uma horta, lavar louça, rezar, descansar. A música não nos pode deixar míopes ou com visão unidirecional.

Quando você não estiver cantando, pode estar ensaiando. Todo músico que se preze sabe que o talento é 10% de inspiração e o resto é transpiração mesmo, ensaio.

Quando você não estiver cantando ou tocando, aproveite para calar e ouvir a canção dos outros. Músicos que só escutam a si mesmos se repetem até andar em círculos e ficarem tontos. Dar atenção ao canto alheio é uma forma de humildade que só faz crescer.

Há canções na natureza, na brisa e no vento, no sol e na chuva. A terra canta de alegria, como proclamou o salmista com sabedoria. Por que não ouvir tantas canções a nosso redor?

Se já tiver terminado sua canção, aproveite para fazer um pouco de silêncio. Uma outra voz cantará em seu interior. Lembre-se que dentro de seu coração habita um Deus-Cantor. Escute-o!

36
PARA APROFUNDAR
PJz

Ao preparar os capítulos deste livro buscamos muitas fontes. A Igreja e muitos autores serviram de base para a maioria de nossas afirmações. Reunimos alguns livros para que você saiba quem fundamentou este livro.

ADAM, A. *O Ano Litúrgico.* São Paulo: Paulinas, 1982.

ALBERICH, E. *Catequese evangelizadora:* manual de catequética fundamental. São Paulo: Editora Salesiana, 2004.

ALDAZÁBAL, J. *Gestos e símbolos.* São Paulo, Loyola, 2005.

ALMEIDA, J. C. *Cantar em espírito e verdade*: orientações para o Ministério de Música. São Paulo: Loyola, 1990.

_____. *Curso de Liturgia.* 6ª edição. São Paulo: Loyola, 1995.

_____. (Org.) *Imagem e semelhança de Deus na mídia.* São Paulo: Loyola, 2010.

ALMEIDA, J. C., MAÇANEIRO, M., MANZINI, R. *As Janelas do Vaticano* II: a Igreja em diálogo com o mundo. 2ª edição. Aparecida: Editora Santuário, 2013.

AUGÉ, M. *Liturgia* – História, Celebração, Teologia, Espiritualidade. 2ª edição. São Paulo: Ave-Maria, 1998.

_____. *L'anno Liturgico; è Cristo stesso presente nella sua Chiesa.* Città del Vaticano: Libreria Editrice Vaticana, 2009.

BECKHÄUSER, A. *Novas Mudanças na Missa.* Petrópolis: Vozes, 2002.

BENTO XVI. "Teologia della musica sacra". In: *Teologia della Liturgia.* Opera Omnia 11. Città del Vaticano: Libreria Editrice Vaticana, 2010, p. 573-698.

Borobio, D. (Org.). *A celebração na Igreja 1* – Liturgia e sacramentologia fundamental. São Paulo: Loyola, 1993.

_____. (Org). *A celebração na Igreja 3* – Ritmos e tempos da celebração. São Paulo: Loyola, 2000.

Buyst, I. *Como estudar liturgia.* Paulinas: São Paulo, 1989.

Castellano, J. *Liturgia e vida espiritual*: Teologia, celebração, experiência. São Paulo: Paulinas, 2008.

Catecismo da Igreja Católica. São Paulo: Loyola, 2003.

CELAM. (AA.VV.). *Manual de Liturgia I – A celebração do Mistério Pascal:* Introdução à celebração litúrgica. São Paulo: Paulus, 2004.

_____. *Manual de Liturgia II – A celebração do Mistério Pascal:* Fundamentos teológicos e elementos constitutivos. São Paulo: Paulus, 2005.

_____. *A Evangelização no presente e futuro da América Latina*: Conclusões de Puebla. São Paulo: Edições Loyola, 1979.

_____. *A Igreja na atual transformação da América Latina à luz do Concílio*: Conclusões de Medellín. Petrópolis: Vozes, 1969.

_____. *Nova Evangelização, Promoção humana, Cultura cristã; Jesus Cristo, ontem, hoje e sempre*: Conclusões de Santo Domingo. São Paulo: Loyola, 1992.

_____. *Texto conclusivo da V Conferência Geral do Episcopado Latino-americano e do Caribe.* São Paulo: Paulus-Loyola-CNBB, 2007.

Cezar, Augusto. *Quem canta, reza duas vezes*: A espiritualidade do músico a partir de Santo Agostinho. São Paulo: Loyola, 2013.

CNBB. *A comunicação na vida e missão da Igreja no Brasil.* Estudos da CNBB 101. São Paulo: Paulus, 2011.

_____. *Animação da vida litúrgica no Brasil*, Paulus, 1989 (Documentos, 43).

_____. *Diretório Nacional de Catequese.* São Paulo: Paulinas, 2006.

CNBE. *Estudos sobre os cantos da missa*. Paulus: São Paulo, 1971 (Estudos, 12).

_____. *Igreja e comunicação rumo ao novo milênio*. 2ª edição. São Paulo: Paulinas, 1997 (Documentos, 59).

_____. *Liturgia:* 20 anos de caminhada pós-conciliar. São Paulo: Paulinas, 1986 (Estudos, 42).

_____. *Orientações para Celebração da Palavra de Deus*. Paulinas, São Paulo, 1994 (Documentos, 52).

_____. *Pastoral da música litúrgica no Brasil*. Paulus: São Paulo, 1976 (Documentos, 7).

_____. *Catequese Renovada*. Orientação e Conteúdo. São Paulo: Paulinas, 1983 (Documentos, 26).

COINCAT. *A catequese dos adultos na Comunidade Cristã*. Città del Vaticano: Libreria Editrice Vaticana, 1990.

CONCÍLIO VATICANO II. "Constituição Apostólica Sacrosanctum Concilium". In: *Compêndio do Vaticano II*. 29ª edição. Petrópolis: Vozes, 2000.

CONCLUSÕES DO II, III E IV ENCONTRO NACIONAL DE MÚSICA SACRA. In: *Música brasileira na Liturgia*. Vozes: Petrópolis, 1969.

CONGREGAÇÃO PARA O CULTO DIVINO. *Instrução geral sobre o Missal Romano* (IGMR). 6ª edição. Petrópolis: Vozes, 2008. Apresentação de Frei Alberto Bechäuser.

FONSECA, Joaquim. *O canto novo da nação do divino*. Paulinas: São Paulo, 2000.

GELINEAU, Joseph. *Canto e música no culto cristão*. Vozes: Petrópolis, 1968.

JOÃO PAULO II. *Carta Apostólica "Dies Domini"*. 2ª edição. São Paulo: Paulinas, 1998.

_____. Quirógrafo no centenário do Motu Proprio "Tra le sollecitudini" (2003). In: *Documentos sobre a música litúrgica 1903-2003*. São Paulo: Paulus, 2005. Coleção Documentos da Igreja n. 11, p. 182-193.

LÓPEZ MARTÍN, J. *A liturgia da Igreja*: Teologia, história, espiritualidade e pastoral. São Paulo, Paulus, 2006.

MARSILI, S. *Sinais do Mistério de Cristo*: Teologia Litúrgica dos Sacramentos, Espiritualidade e Ano Litúrgico. São Paulo: Paulinas, 2010.

MORÁS, F. *As correntes contemporâneas de catequese*. Petrópolis: Vozes, 2004.

NEUNHEUSER, B. *História da Liturgia através das épocas culturais*. São Paulo Loyola, 2007.

OLIVEIRA, J. F. (Pe. Zezinho, scj). *João Leão Dehon: O profeta do verbo ir*. São Paulo: Paulinas, 2011.

_____. *Um rosto para Jesus Cristo*. Subsídios para uma catequese de atitudes – 2. São Paulo: Paulinas, 2010.

_____. *Batizados e batizadores:* O difícil caminho das águas. São Paulo: Paulinas, 2010.

_____. *Um jovem custa muito pouco*. São Paulo: Paulus, 2010.

_____. *De volta ao catolicismo*. Subsídios para uma catequese de atitudes – 1. São Paulo: Paulinas, 2009.

_____. *Ser um entre bilhões*. Leituras de alter-ajuda. A mística dos últimos lugares. São Paulo: Paulinas, 2012.

_____. *Novos púlpitos e novos pregadores*. São Paulo: Paulinas, 2004.

OLIVEIRA LIMA, Anderson. *Música teológica brasileira*. In: *Revista TQ* 16 (9-40). Taubaté: Faculdade Dehoniana, 2009.

PALUDO, F. *Liturgia: Ação de Deus na Comunidade de Fé*. Petrópolis: Vozes, 2002.

PIO XI. "Divini Cultus": Constituição Apostólica sobre Liturgia, Canto Gregoriano e Música Sacra (1928). In: *Documentos sobre a música litúrgica 1903-2003*. São Paulo: Paulus, 2005. Coleção Documentos da Igreja n. 11, p. 25-34

_____. "Tra le sollecitudini": Motu proprio sobre a Música Sacra (1903). In:

Documentos sobre a música litúrgica 1903-2003. São Paulo: Paulus, 2005. Coleção Documentos da Igreja n. 11, p. 13-22.

Pio XII. "Musicae Sacrae Disciplina": Encíclica sobre a Música Sacra (1955). In: *Documentos sobre a música litúrgica 1903-2003*. São Paulo: Paulus, 2005. Coleção Documentos da Igreja n. 11, p. 37-60.

Rainoldi, F. "Canto e Música". In: *Dicionário de Liturgia*. Paulus: São Paulo, 1992.

Reynal, D. *Teologia da Liturgia das Horas*. São Paulo: Paulinas, 1981.

Sagrada Congregação dos Ritos. "Musicam Sacram": Instrução sobre a Música na Sagrada Liturgia (1967). In: *Documentos sobre a música litúrgica 1903-2003*. São Paulo: Paulus, 2005. Coleção Documentos da Igreja n. 11, p. 157-178.

_____. Instrução sobre a Música Sacra e a Sagrada Liturgia (1958). In: *Documentos sobre a música litúrgica 1903-2003*. São Paulo: Paulus, 2005. Coleção Documentos da Igreja n. 11, p. 64-105.

Sartore, D. e Triacca, A. (Org.). *Dicionário de Liturgia*. São Paulo: Paulinas, 1994.

Souza, José Geraldo de. "História". In: *Apontamentos de Música Sacra*. Livraria Salesiana Editora, 1950.

_____. *Folcmúsica e Liturgia*. Vozes: Petrópolis, 1966.

Vagaggini, C. *O sentido teológico da liturgia*. São Paulo: Loyola, 2009.

Vv.Aa. "Por que cantar na Liturgia – 1, 2 e 3". In: *Revista de Liturgia*. São Paulo, n. 137, 138, 139, 1996.

A edição da Bíblia que tomamos por referência é a Neovulgata, traduzida e publicada no Brasil por Edições CNBB.

37

MEUS VINTE E CINCO ANOS DE CANÇÃO
PJz

Sinto a música como parte constitutiva de meu ser. Deus me fez um ser musical. A Bíblia diz que a boca fala do que o coração está cheio. Em meu caso e de tantos outros não basta falar. O coração às vezes transborda em poemas e canções.

Percebi que era assim já na infância. A vocação sacerdotal surgiu ao mesmo tempo que a musical. Fui para o seminário aos 11 anos com um violão na mão e um sonho no coração. Até hoje as coisas não mudaram muito. O sonho realiza-se em meu sacerdócio. O violão continua sendo companheiro de missão.

Mas preciso confessar que não me sinto muito confortável quando me perguntam se sou um "padre cantor". Não sou padre porque canto. Hoje apenas canto e toco canções de fé porque este é um dos instrumentos que Deus me deu para evangelizar. Um entre muitos. Procuro colocar a música em seu devido lugar e não supervalorizar esse talento. O com musical sempre é uma pessoa carente que mora dentro de nós e recuer toda a atenção. Se não tomarmos cuidado, a música mata nosso ministério sacerdotal e o artista acaba sufocando o ministro de Deus.

Acredito sinceramente que alguns podem conseguir um perfeito equilíbrio entre a vida artística e a vida sacerdotal. Não é meu caso. Preciso manter a música em dez patamares abaixo do sacerdote. Não posso deixar de celebrar a missa para fazer um show. Oportunidades não faltam. A carente e sedutora lógica da canção vai envolvendo-nos e, quando menos percebemos, o padre mirrou e o sacerdote morreu. Restou o poeta bajulado e exigente.

A música tem um problema constitutivo que já foi sentido pelo musical Santo Agostinho. A beleza exterior poder servir de estacionamento para as "almas". O que eu quero dizer é que muitos, encantados pelas criaturas, podem não chegar ao Criador. Peço todos os dias aquele dom que Bento XVI chamou de a "transparência do ministro".

Minha realização maior é quando olham para mim e minha música e conseguem enxergar apenas Aquele que canta em mim. Se eu for transparente verão para além dos vidros da janela que sou.

Minha maior frustração é quando as pessoas contemplam a janela e não veem o jardim; quando ouvem minha canção e estacionam em mim. É neste momento que repito à exaustão a famosa conclusão do teólogo Paulo de Tarso: "Minha vida presente na carne, eu a vivo no Filho de Deus que me amou e entregou-se a si mesmo por mim; por isso eu vivo, mas não sou eu que vivo, é Cristo que vive em mim" (Gl 2,20). Eu canto, mas não sou eu que canto; é Cristo que canta em mim.

ANOTAÇÕES

CONCLUSÃO DE PE. JOÃOZINHO, SCJ

Escrevi esses testemunhos com a caneta da sinceridade e com as tintas do suor, do sangue e das lágrimas. Não são apenas fatos, ideias e conselhos. Minha vida — com virtudes e pecados — está nas entrelinhas destas páginas. Chego a meus vinte anos de padre e vinte e cinco de canção e acredito que tenho algo a dizer. É mais ou menos como falou o Mestre: "se me calar, as pedras gritarão". Acredito no potencial da música cristã como meio de catequese e celebração. É maravilhoso ouvir as pessoas repetirem a pregação de uma hora que resumimos no refrão de um minuto. Mas a arte tem de andar de mãos dadas com a espiritualidade. A beleza técnica e exterior é mortal quando impede de chegarmos ao néctar, à essência de todas as canções. Que Deus nos dê a graça de morrermos para nossas vaidades e ressuscitarmos mais simples e santos. No céu cantaremos... espero!

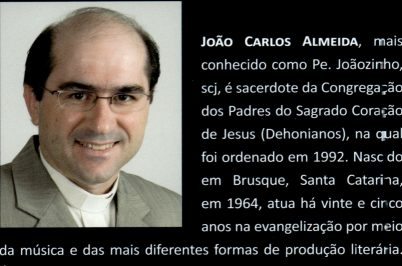

João Carlos Almeida, mais conhecido como Pe. Joãozinho, scj, é sacerdote da Congregação dos Padres do Sagrado Coração de Jesus (Dehonianos), na qual foi ordenado em 1992. Nascido em Brusque, Santa Catarina, em 1964, atua há vinte e cinco anos na evangelização por meio da música e das mais diferentes formas de produção literária. É reconhecido como um dos jovens talentos da Igreja Católica. Publicou cerca de 40 livros, que vão de espiritualidade à teologia sistemática; de liderança a temas da educação integral. Fez doutorado em educação (USP), teologia (Faculdade Assunção-SP) e espiritualidade (Gregoriana-Roma). Foi o primeiro diretor-geral da Faculdade Dehoniana, em Taubaté-SP, onde atua como professor. Também ele tem seus encantos e desencantos de padre que canta. Suas profecias contemporâneas provocam e fazem pensar. Escreve e grava há vinte e cinco anos, principalmente por Edições Paulinas, Loyola e Canção Nova. É marcante sua presença nas redes sociais. Pode ser encontrado na conta do twitter: @padrejoaozinho.

JOSÉ FERNANDES DE OLIVEIRA, mais conhecido como Pe. Zezinho, scj, é sacerdote da Congregação dos Padres do Sagrado Coração de Jesus (Dehonianos) na qual foi ordenado em 1966. Nascido em Machado, Minas Gerais, em 1941, atua há cinquenta anos na evangelização por meio de publicações em prosa, verso e canção. É reconhecido como um dos pioneiros da linguagem católica moderna. Produziu mais de 250 obras, das quais cerca de 80 livros, milhares de canções, vídeos, teatros e outros. Sua obra tem um claro endereço catequético. Por conta de toda esta bagagem, contribuiu por mais de 30 anos na formação dos futuros sacerdotes na, hoje, Faculdade Dehoniana, em Taubaté-SP, lecionando "Prática e crítica de comunicação nas igrejas". Difícil algum lugar do Brasil onde não se reconheça sua mensagem e por onde já não tenha passado com seus shows e reflexões. Seus encantos e desencantos de padre que canta geram interrogações em pessoas de todas as idades e credos. Isto promove o que ele chama de "paz inquieta", que leva à conversão de mentalidade e atitudes. Escreve e grava há quarenta anos, principalmente pelas Edições Paulinas. Pode ser encontrado na conta do twitter: @padrezinhoscj.

CONCLUSÃO DE PE. ZEZINHO, SCJ

Está escrito. Ouvi, pensei, escrevi e testemunhei. Se meu livro ajudou você a repensar sua canção de católico ou de evangélico ficarei feliz. Há outros bons livros na praça. Não deixe de lê-los! Conheça, também, os documentos da Igreja sobre canção e catequese. Indicamos vários que poderão ajudá-lo a aprofundar sua vocação de cantor ou músico católico. O que eu disse aqui são como lentes que serviram para minha miopia. Talvez não sirvam para a sua. Neste caso, ouça outros mestres. O que lhe ofereci não é tudo. A Igreja, felizmente, era, é e será sempre mais rica do que nós que agora passamos por ela. Meu sonho de 50 anos é que aprendamos, ouvindo-nos, um o canto do outro. Prosseguirei neste sonho mais do que teimoso.